나에게 말을 걸어온 끈끈이주걱

나를 키우는 끈끈함

나에게 말을 걸어온 끈끈이주걱
나를 키우는 끈끈함

발 행 | 2025년 10월 30일
저 자 | 최근호
펴낸이 | 전영식
펴낸곳 | (주)에듀포털
출판사등록 | 2018.07.17.(제2018-89호)
주 소 | 서울특별시 영등포구 선유로13길 25,에이스하이테크시티2차 510-1호
전 화 | 02-2068-1003
이메일 | jeon@eduportal.kr

ISBN | 979-11-995289-0-1

최근호 2025
본 책은 저작자의 지적 재산으로서 무단 전재와 복제를 금합니다.

나를 키우는 끈끈함

나에게 말을 걸어온 끈끈이 주걱

최근호

에듀포털

프롤로그

나에게 말을 걸어온 끈끈이 주걱

　처음 끈끈이주걱을 만난 건 아마 초등학교 3학년쯤이었을 겁니다. 학교 앞 작은 화원에서 우연히 발견한 그 모습은 여덟 살 내 눈에는 기묘하고도 아름다운 작은 세계 같았습니다. 투명한 비닐로 덮인 온실 같은 화원 안, 습하고 따뜻한 공기 속에서 다른 화려한 꽃들 사이에 놓여 있던 작지만 강렬한 존재. 조그만 플라스틱 화분 위로 돋아난 붉은색 또는 초록색의 작고 동그란 잎들, 그리고 그 가장자리에 보석처럼 반짝이며 맺혀 있던 투명하고 영롱한 이슬 방울들. 햇빛을 받아 영롱하게 빛나던 그 이슬들이 사실은 작은 벌레들을 유인하여 꼼짝 못하게 붙잡는 끈끈한 덫이라는 것을 알게 되었을 때, 어린 나는 아름다움과 생존의 방식을 한데 품은 자연의 신비에 얼떨떨해졌습니다. 그것은 마치 동화 속 이야기 같으면서도, 동시에 현실의 어떤 냉혹함을 보여주는 듯했습니다. 달콤하고 아름다운 것이 반드시 순수하고 무해한 것만은 아니라는, 어렴풋하지만 강렬한 깨달음이었습니다. 그 후로도 나는 한동안 그 작은 화원에서 눈을 떼지 못했습니다. 용돈을 모아 그 끈끈이주걱 화분을 사서 집으로 가져왔고, 나의 작은 방 창가에 두고 매일매일 관찰했습니다. 파리가, 혹은 작은 날벌레가 달콤한 이슬에 이끌려 잎에 앉았다가 꼼짝없이 갇히고, 끈끈한 잎들이 서서히, 아주 느리게 오므라들어 벌레를 감싸는 과정을 숨죽이며 지켜보았습니다. 그것은 잔인한 장면이기보다는, 그 작은 식물이 살아남기 위해 필사적으로 선택한 방식이라는 생각에 가깝게 다가왔습니다. 끈끈함이 생명 유지의 도구라는 것, 그것이 나에게는 꽤 충격적이면서도 깊은 인상을 남긴 깨달음 이었습니다. 끈끈함은 단순히 불편하거나 부정적인 것이 아니라, 살아가는 데 필요한 어떤 힘일 수도 있다는 것을 그때 처음 느꼈던 것 같습니다. 시간이 흘러 십 대가 되었고, 학교라는 또 다른 세상 속에서 나는 수많은 관계들을 마주했습니다. 초등학교 때의 단순했던 관계와는 차원이 다른 복잡하고 미묘한 관계들. 달콤한 말들로 시작되었다가 어느새 끈적하게 얽히고 마는 관계, 서로에게 기대고 의지하려다 예상치 못한 상처를 주고받는 관계들. 마치 끈끈이주걱의 잎처럼, 아름다워 보이는 관계의 모습 속에는 예상치 못한 끈끈함과 때로는 아픔이 숨어 있다는 것을 알게 되었습니다. 친구의 무심한 말 한마디가 끈끈한 이슬처럼 나를 붙잡아 놓기도 했고, 나의 서툰 행동이 누군가에게는 끈끈한 덫이 되기도 했습니다. 사춘기의 불안과 외로움 속에서, 나는 친구들과의 관계 속에서 길을 잃고 헤매기도 했고, 상처받을까 두려워 마음의 문을 닫아버리고 싶을 때도 있었습니다. 관계라는 끈끈한 거미줄에 걸려버린 작은 벌레처럼, 발버둥 칠수록 더 깊이 얽히는 듯한 기분이 들 때도 있었습니다.

하지만 그때마다 어린 시절 보았던 끈끈이주걱이 떠올랐습니다. 그 식물은 상처 입히는 것을 두려워하지 않고 끈끈한 이슬을 내어 벌레를 잡았고, 그것을 통해 스스로의 생존을 이어갔습니다. 그것은 그 식물에게는 가장 자연스럽고 필수적인 과정이었습니다. 그렇다면 인간관계에서 겪는 끈끈한 아픔과 어려움 또한, 어쩌면 살아가는 과정의 일부이고, 나를 단단하게 만드는 방식일지도 모른다는 생각이 조금씩 고개를 들기 시작했습니다. 상처받는 것을 피하려 도망치는 대신, 그 끈끈함 속에서 무언가를 배우고 소화해야만 비로소 성장할 수 있는 것은 아닐까 하는 생각.

이 에세이는 바로 그 시절, 복잡하게 얽힌 친구들과의 관계 속에서 겪었던 나의 이야기입니다. 교실이라는 유리온실 안에서, 끈끈이주걱의 잎처럼 때로는 서로에게 덫이 되기도 하고, 때로는 서로를 지탱하는 끈이 되어주기도 했던 우리들의 이야기. 사춘기의 불안과 외로움 속에서 서로의 상처를 이해하고, 서툰 방식으로나마 서로에게 다가가며, 진정한 관계의 의미를 찾아가고, 결국에는 그 모든 끈끈함이 '나'를 키워냈음을 고백하는 기록입니다. 이 이야기가, 관계 속에서 길을 잃고 헤매는 또 다른 누군가에게 작은 위로와 용기가 될 수 있기를 바랍니다.

CONTENT

프롤로그: 나에게 말을 걸어온 끈끈이주걱

1부　1. 다섯 개의 다른 온도
　　　2. 무심코 던져진 이슬 방울
　　　3. 유리온실 안의 첫 마찰

2부　4. 상처라는 이름의 이슬 방울
　　　5. 달콤함 뒤에 숨은 끈끈함
　　　6. 끈끈함의 시작과 불안

3부　7. 서로 다른 사냥 방식의 충돌
　　　8. 얽히고설킨 끈끈한 실타래
　　　9. 벗어나고 싶은 마음의 저항

4부　10. 함께 있지만 혼자인 순간
　　　11. 사춘기의 불안과 그림자
　　　12. 아무에게도 닿지 않는 끈끈함

5부　　13. 친구들의 숨겨진 상처들
　　　　　14. 그들만의 생존 전략과 방식
　　　　　15. 타인의 덫을 이해하려는 시도

6부　　16. 왜 우리는 서로에게 덫이 될까
　　　　　17. 달콤함과 끈끈함 사이의 진실
　　　　　18. 관계 맺음의 의미를 찾아서

7부　　19. 예상치 못한 위로의 순간
　　　　　20. 조용한 공감의 힘을 느끼다
　　　　　21. 끈끈함 속에서 발견한 온기

8부　　22. 아픔을 소화하는 과정
　　　　　23. 내면의 뿌리가 깊어지다
　　　　　24. 관계를 통해 배우는 '나'

9부　　25. 관계의 복잡성을 받아들이며
　　　　　26. 서로에게 자양분이 되는 법

에필로그: 다음 잎을 틔우며

1부

1. 다섯 개의 다른 온도

 해 질 녘의 교실은 낮 동안의 소란스러움이 완전히 가신 후, 비로소 고요한 숨을 내쉬는 듯했다. 창문으로 비스듬히 스며드는 가을 햇살은 더 이상 따갑지 않았고, 길어진 그림자는 낡은 책상과 의자들 사이를 느릿하게 기어다녔다. 공중에는 오후 내내 흩날린 듯한 흰 먼지들이 부유하고 있었고, 그 사이를 통과하는 주황빛 광선은 마치 살아있는 강물처럼 흐릿하게 빛났다. 교실이라는 공간은 마치 거대한 유리온실 같았다. 투명한 벽과 지붕 아래, 각기 다른 생명들이 자신만의 속도와 방식으로 숨 쉬고 자라나는 곳. 그리고 우리는 그 안에서 각자의 온도를 품고 있었다. 때로는 주변을 데우거나 차갑게 식히기도 하고, 때로는 다른 온도와 섞이며 예상치 못한 변화를 만들어내기도 하는, 우리 다섯 개의 서로 다른 온도를.

우리는 늘 그렇듯 교실 한구석, 가장 조용하고 햇살이 가장 먼저 그림자에 잠기는 자리에 모여 앉아 있었다. 야간 자율 학습 신청 기간이었지만, 우리는 이곳, 교실이라는 우리의 유리온실 안에서 함께 시간을 흘려보내는 것을 택했다. 나, 그리고 민지, 서연, 예은, 지훈. 스물다섯 명의 반 친구들 중, 가장 자주, 가장 오래 함께하는 다섯 명. 어떻게 이 조합이 만들어졌는지, 왜 우리는 서로 다른 성격에도 불구하고 이렇게 끈질기게 함께 붙어 다니는지, 나 스스로도 설명하기 어려웠다. 마치 다섯 개의 행성처럼, 서로 너무나 다른 궤도를 돌고 있으면서도 이상하게 이 공간 안에서는 부딪히거나 궤도를 벗어나지 않고 공존하는 듯 보였다. 적어도 겉으로 보기에는 그랬다.

나는 늘 그렇듯 창가 자리에 앉아 손안의 작은 끈끈이주걱 화분을 만지작거렸다. 초등학교 때부터 나의 작은 분신 같은 존재. 흙 위로 돋아난 작고 붉은 잎들, 그 가장자리에 보석처럼 반짝이며 맺혀 있던 투명한 이슬방울들. 그 아름다운 이슬이 사실은 벌레를 유인하는 끈끈한 덫이라는 것을 알게 되었을 때, 나는 아름다움 속에 숨겨진 생존의 방식을 처음 접하며 충격을 받았다. 그리고 관계라는 것도 이와 다르지 않다는 것을, 나는 어렴풋이 느끼고 있었다. 가까이 다가가면 달콤하게 빛나지만, 사실은 무언가를 꼼짝 못하게 묶어두거나 가두는 끈끈함으로 가득 차 있다는 것을. 우리 다섯의 관계 속에서도 그런 달콤한 이슬과 불편한 끈끈함이 공존한다는 것을.

"야, 너 또 그거 보고 있냐?"

가장 먼저 나의 조용한 세계로 침입하는 것은 민지였다. 교실 뒷문을 쾅 소리 나게 열고 들어온 민지는 특유의 활기찬 목소리로 나의 조용한 시간을 깨트렸다. 민지는 언제나 그랬다. 솔직하며, 자신의 감정을 숨기는 법이 없었다. 마치 한여름의 태양처럼 뜨겁고 강렬한 온도랄까. 교실 안의 어떤 냉랭한 공기마저 단숨에 데워버릴 것 같은 에너지를 가지고 있었다. 그녀의 솔직함은 때로는 칼날처럼 날카로워 나나 다른 친구들에게 상처를 주기도 했지만, 그만큼 그녀에게는 가식이 없다는 점에서 우리는 그녀를 미워할 수 없었다. 그녀는 늘 옳다고 생각하는 것을 망설임 없이 말했고, 누군가 부당한 일을 당하면 가장 먼저 나서서 목소리를 냈다. 정의롭고 용감한 그녀의 모습은 때로는 나에게 부러움의 대상이기도 했다. 관계 속에서 늘 망설이고 머뭇거리는 나와는 너무나 다른 '온도'였다.

민지 뒤로는 서연과 예은이 나란히 들어섰다. 서연은 언제나 나처럼 조용했다. 발소리조차 나지 않는 듯 사뿐히 걸어와 창가 자리, 내 옆이 아닌 조금 떨어진 곳에 앉았다. 서연은 민지와 정반대의 온도를 가졌다. 차분하고 내성적이며, 마치 새벽녘의 차가운 안개처럼 조용하고 섬세한 기운을 내뿜었다. 그녀는 굳이 말을 많이 하지 않아도 나를 이해하는 듯했다. 내가 끈끈이주걱을 바라보는 눈빛, 친구들의 말에 미묘하게 변하는 표정까지도 그녀는 놓치지 않는 것 같았다. 그녀는 타인의 감정을 잘 헤아렸지만, 자신의 감정을 표현하는 데는 서툴렀다. 그래서 때로는 오해를 사거나, 자신의 속마음을 꽁꽁 숨겨두어 주변 사람들을 답답하게 만들기도 했다. 그녀의 온도는 재기 어렵도록 미지근하거나, 때로는 너무 차가워서 만지면 금세 얼어붙을 것 같은 그런 온도였다.

예은은 서연과는 또 다른 의미로 종잡을 수 없는 온도였다. 그녀는 마치 변덕스러운 봄날씨 같았다. 언제나 밝고 명랑하며 웃음이 많았지만, 예측할 수 없었다. 방금까지 웃다가도 갑자기 표정이 어두워지거나, 아무렇지 않게 던진 말이 누군가에게 비수가 될 때도 있었다. 예은은 사람들과 어울리는 것을 좋아하고 분위기를 띄우는 데 선수였지만, 깊은 관계보다는 가벼운 즐거움을 좇는 듯 보였다. 그녀의 온도는 순간적으로 확 뜨거워졌다가 금세 식어버리는, 종잡을 수 없고 불안정한 온도였다.

"야, 오늘 저녁 뭐 먹을래? 떡볶이? 아님 치킨?" 예은은 의자에 앉자마자 스마트폰을 꺼내 들며 말했다. 그녀의 관심사는 언제나 쉽고 즉각적인 즐거움에 맞춰져 있었다.

마지막으로 들어선 것은 지훈이었다. 지훈은 늘 마지막이었다. 야간 자율 학습 신청을 했거나, 아니면 학원에 가거나, 하다못해 도서관에라도 들렀다가 오는 길이었다. 지훈은 우리 다섯 중 가장 현실적이고 이성적인 인물이었다. 그의 온도는 차갑고 건조했다. 효율과 논리를 중시하며 감정적인 문제에는 거리를 두는 듯했다. 그는 우리의 시답잖은 농담이나 감정적인 토로에 끼어들기보다는, 스마트폰으로 뉴스를 보거나 문제집을 푸는 데 집중했다. 그의 말투는 언제나처럼 단정하고 분명했지만, 그 안에 어떤 감정도 실려 있지 않은 듯 느껴졌다. 마치 식충식물이 벌레를 잡는 과정이 철저히 생존을 위한 계산적인 행동인 것처럼, 지훈의 모든 판단은 효율과 합리성에 맞춰져 있는 듯했다.

다섯 개의 다른 온도가 한 공간에 모였다. 민지의 뜨거운 태양, 서연의 차가운 안개, 예은의 변덕스러운 봄바람, 지훈의 건조한 계산, 그리고 나의 미지근하고 불안정한 온도. 우리는 이렇게 모여 있었다. 매일. 학교에서, 학원에서, 동네 길거리에서. 함께 웃고 이야기하고 시간을 보냈다. 겉으로 보기에는 그저 평범한 친구들 무리였다. 하지만 나는 알고 있었다. 이 다섯 개의 온도가 만나면서 발생하는 미묘한 마찰과 긴장감. 서로 다른 온도가 뒤섞이며 만들어내는, 때로는 예상치 못한 화학 반응들.

"야, 너 오늘 아침에 역사쌤한테 혼났지? 왜 그렇게 꾸물대냐니까?" 예은이 갑자기 생각났다는 듯 나에게 말했다. 그녀는 웃으며 말했지만, 그 말은 나에게 작게 박혔다.

나는 작게 한숨을 쉬었다.

"별거 아니야."

"별거 아닌데 왜 혼나? 네가 느릿느릿하니까 그렇지. 진짜 답답해 죽겠어 가끔 보면." 민지가 덧붙였다. 민지는 나를 놀리는 것을 즐겼다. 애정이 담긴 놀림이라는 것을 알았지만, 때로는 그 놀림조차도 나에게는 작은 상처처럼 느껴졌다.

"그럴 시간에 아침에 5분 더 일찍 일어나는 게 합리적이지."

 지훈이 스마트폰에서 고개를 들며 말했다. 그의 말은 틀리지 않았지만, 나는 그의 현실적인 조언 속에서 어떤 공감이나 위로도 느낄 수 없었다.

 서연은 아무 말 없이 나를 바라보았다. 그녀의 눈빛 속에는 걱정과 이해가 담겨 있는 듯했다. 그녀는 말로 위로하지 않았지만, 그 눈빛만으로도 나는 조금이나마 숨을 쉴 수 있었다. 서연은 끈끈이주걱 잎에 맺힌 이슬방울처럼, 겉으로는 약해 보이지만 그 안에 깊고 투명한 진심을 품고 있는 것 같았다.

 예은은 이미 다른 화제로 넘어갔다.

 "아, 맞다! 주말에 개봉하는 영화 완전 기대돼! 너네 보러 갈래?"

 다섯 개의 온도가 또 다시 제멋대로 흩어졌다. 예은의 뜨거운 기대감, 지훈의 무관심한 시선, 민지의 호기심, 서연의 조용한 망설임, 그리고 이 모든 온도 속에서 갈피를 잡지 못하는 나의 체온. 나는 다시 손안의 끈끈이주걱을 바라보았다. 끈끈이주걱이 벌레를 잡기 위해서는 특정한 온도와 습도, 그리고 햇빛이 필요하다. 너무 뜨거워도, 너무 차가워도 안 된다. 적절한 조건이 갖춰져야 끈끈한 이슬이 맺히고, 잎이 건강하게 자라 벌레를 유인할 수 있다. 우리의 관계도 마찬가지 아닐까. 민지의 뜨거움, 지훈의 차가움, 예은의 변덕스러움, 서연의 조용함, 그리고 나의 예민함. 이 다섯 개의 다른 온도가 모두 모여 우리만의 '교실이라는 유리온실' 안에서 특정한 관계의 환경을 만들고 있었다. 때로는 이 온도의 차이가 서로에게 자극이 되고 활력을 주기도 하지만, 때로는 너무 뜨거워 화상을 입거나, 너무 차가워 얼어붙거나, 너무 변덕스러워 어지러움을 느끼게도 할 터였다. 그리고 그 안에서 나는, 끈끈이주걱처럼 살아남기 위해, 관계의 달콤한 이슬과 끈끈한 덫 사이에서 어떻게 균형을 잡아야 할지 서툴게 배워 나가고 있었다.

  이 다섯 개의 다른 온도가 앞으로 어떤 이야기들을 만들어 낼지, 나는 알 수 없었다. 하지만 한 가지는 확실했다. 우리의 '끈끈함'은 이미 시작되었고, 이 끈끈함 속에서 우리는 서로에게 영향을 주고받으며 조금씩 다른 형태로 변해가고 있을 것이라는 것을. 마치 끈끈이주걱이 잡은 벌레를 소화하며 스스로의 성장을 이루듯 말이다. 이 교실 안의 유리온실에서, 서로 다른 온도를 가진 다섯 개의 작은 존재들이 부딪히고 섞이며, 때로는 상처 입고 때로는 위로받으면서. 그리고 나는, 이 모든 과정 속에서 '나'라는 식물이 어떻게 자라날지, 조용히 관찰하고 있었다. 어쩌면 이 모든 복잡하고 어려운 '끈끈함' 속에서 나는 비로소 진정한 '나'를 키워내고 있는지도 모른다는 희미한 희망을 품으면서.

2. 무심코 던져진 이슬방울

　교실이라는 유리온실 안에서 다섯 개의 다른 온도가 뒤섞이기 시작하면서, 예상치 못한 일들이 벌어졌다. 겉보기에는 평화롭고 안정적인 유리온실 같았지만, 그 안의 공기는 미묘한 습기와 긴장감으로 가득 차 있었다. 우리는 함께 웃고 떠들고 시간을 보냈지만, 때로는 누군가의 무심한 말 한마디, 혹은 작은 행동 하나가 나에게 날아와 박히는 작은 벌레처럼 느껴졌다. 그리고 그 말이나 행동은 끈끈이주걱 잎에 맺힌 이슬방울처럼, 겉으로는 달콤하거나 무해해 보였지만 사실은 나를 꼼짝 못하게 만드는 끈끈함을 품고 있었다.

그날 점심시간이었다. 우리는 급식실에서 밥을 먹고 교실로 돌아와 각자 자리에 앉아 이야기를 나누고 있었다. 예은은 새로 나온 아이돌 그룹의 뮤직비디오를 보여주며 흥분했고, 민지는 그 옆에서 시큰둥한 표정으로 폰을 들여다보고 있었다. 지훈은 문제집을 풀고 있었고, 서연은 창밖을 조용히 바라보고 있었다. 나는 끈끈이주걱 화분을 책상 위에 올려두고 잎에 맺힌 이슬방울들을 관찰하고 있었다. 햇빛을 받아 반짝이는 모습이 여전히 아름다웠다.

"야, 너 진짜 신기하다니까? 맨날 그 풀떼기만 보고 있어. 뭐가 그렇게 재밌냐?" 예은이 갑자기 나에게 말을 걸었다. 그녀는 웃으며 말했지만, 그 웃음 속에는 나의 취미를 이해하지 못하겠다는, 어쩌면 약간의 조롱 같은 뉘앙스가 섞여 있는 듯 느껴졌다. '풀떼기'. 나에게는 소중한 생명체이자 복잡한 관계를 이해하는 나만의 방식인데, 예은에게는 그저 '풀떼기'일 뿐이었다. 그녀의 말은 마치 가벼운 날벌레처럼 날아와 끈끈이주걱 잎에 앉았다. 겉보기에는 아무것도 아닌 작은 존재였지만, 끈끈함에 붙잡히면 벗어날 수 없게 되는 것처럼, 예은의 무심한 말은 나의 마음에 작은 끈끈함을 남겼다.

"그냥... 신기하잖아. 벌레도 잡고..." 나는 얼버무렸다. 나의 목소리는 작아졌고, 괜히 화분을 더 가까이 끌어당겼다.

"신기하긴 뭐가 신기해. 징그럽기만 하지. 난 벌레 진짜 싫어하는데. 너 그거 키우면서 벌레도 만져?" 예은은 얼굴을 찌푸리며 말했다. 그녀의 표정은 진심으로 징그럽다는 듯 보였다. 그녀에게 나의 취미는 이해의 대상이 아니라, 그저 '징그러운 것'일 뿐이었다. 예은의 말은 달콤한 이슬처럼 가볍게 다가왔지만, 그 안에 담긴 '징그럽다'는 평가는 나를 꼼짝 못하게 만드는 끈끈한 덫이 되었다. 내가 소중하게 생각하는 것을 누군가 아무렇지 않게 폄하할 때 느끼는 서운함과 위축감. 그것이 바로 무심코 던져진 이슬방울의 끈끈함이었다.

"야, 예은아. 남이 뭘 키우든 네가 왜 그래? 재밌으니까 키우겠지." 민지가 예은에게 쏘아붙였다. 민지는 늘 그랬다. 옳지 않다고 생각하는 것에 대해선 바로 목소리를 냈다. 그녀의 말은 나를 보호해 주는 것 같았지만, 동시에 상황을 더 불편하게 만들기도 했다. 민지의 뜨거운 온도는 나를 감싸주려 했지만, 그 열기 때문에 예은과의 관계는 더 차가워졌다. 민지의 끈끈함은 나를 향한 애정이었지만, 그 방식은 때로는 주변을 경직시켰다.

"아니, 그냥 신기해서 물어본 거잖아! 왜 갑자기 정색이야?" 예은이 발끈했다. 그녀의 목소리가 높아졌고, 교실 안의 다른 친구들이 우리를 쳐다보는 것이 느껴졌다. 나는 그 시선들이 부담스러워 고개를 숙였다. 이 모든 상황이 나 때문에 벌어진 것 같았다. 나의 작은 취미 때문에.

지훈은 이 모든 상황을 지켜보고 있었다. 그는 문제집에서 눈을 떼더니, 우리를 번갈아 보았다. 그리고는 무미건조한 목소리로 말했다. "취향은 개인적인 영역인데, 그걸 가지고 옳다 그르다 판단하는 건 비합리적이지. 서로의 취향을 존중하는 게 효율적인 관계 유지에 도움이 될 거야."

지훈의 말은 논리적으로는 맞았다. 하지만 그의 말 속에는 어떤 감정적인 공감이나 위로도 담겨 있지 않았다. 그는 그저 상황을 분석하고 가장 합리적인 해결책을 제시할 뿐이었다. 나의 상처받은 마음, 예은의 발끈한 감정, 민지의 보호적인 태도. 이 모든 감정들은 지훈에게는 그저 비합리적인 변수일 뿐이었다. 그의 차갑고 건조한 온도는 나의 감정적인 물기를 순식간에 증발시켜 버리는 것 같았다. 그의 합리적인 조언은 나에게 '네가 상처받는 것은 비합리적인 반응이다'라고 말하는 듯 느껴졌다. 지훈의 끈끈함은 딱딱했고, 나를 얽어매는 규칙 같았다. 그의 말은 나를 이해하려 하기보다, 나를 그의 논리적인 세계에 맞춰 바꾸려 하는 것 같았다.

서연은 이 모든 대화 속에서 아무 말 없이 나를 바라보고 있었다. 그녀는 예은의 말에 살짝 미간을 찌푸렸고, 민지의 목소리가 높아지자 어깨를 움츠렸다. 지훈의 말에는 아무런 반응도 보이지 않았다. 그리고는 조용히 나를 바라보았다. 그녀의 눈빛 속에는 걱정과 안타까움, 그리고 나를 이해한다는 듯한 깊은 공감이 담겨 있는 듯했다. 그녀는 말로 나를 위로하거나 상황을 중재하려 들지 않았다. 어쩌면 그녀 스스로도 이런 상황에 어떻게 반응해야 할지 몰랐을 수도 있다. 혹은 말로 표현하는 것보다 눈빛으로 전하는 것이 더 익숙했을지도 모른다. 하지만 그저 조용히 나를 바라보는 그녀의 눈빛만으로도 나는 조금이나마 숨을 쉴 수 있었다. 서연은 끈끈이주걱 잎에 맺힌 이슬방울처럼, 겉으로는 약하고 조용해 보이지만 그 안에 깊고 투명한 진심과 공감 능력을 품고 있는 것 같았다. 그녀의 온도는 차가워 보이지만, 사실은 조용히 나의 마음을 감싸주는 포근함이 있었다. 그녀의 끈끈함은 부드러웠고, 나를 조용히 지탱해 주었다. 그녀는 나를 바꾸려 하지 않고, 그저 있는 그대로의 나를 바라봐 주는 유일한 친구 같았다. 그녀의 존재는 이 복잡한 관계 속에서 내가 기댈 수 있는 작은 안식처였다.

　이 작은 에피소드는 우리 다섯의 관계 속에서 무심코 던져지는 '이슬방울'들이 얼마나 쉽게 '끈끈한 덫'이 될 수 있는지를 보여주었다. 예은의 무심함, 민지의 직설적인 보호, 지훈의 비감정적인 합리성. 이 모든 것들이 나에게는 크고 작은 상처로 다가왔다. 관계의 달콤함(함께 시간을 보내고 이야기하는 즐거움) 뒤에는 늘 예상치 못한 끈끈함(상처, 오해, 불편함)이 숨어 있었다.

우리는 모두 각자의 방식으로 관계를 맺고 있었다. 민지는 솔직함이라는 덫으로 때로는 친구를 강하게 끌어당기고 때로는 밀어냈고, 예은은 재미와 가벼움이라는 이슬로 사람들을 유인했지만 깊이 들어오지는 못하게 했다. 그녀의 이슬은 달콤했지만, 끈끈함은 약하거나 예측 불가능했다. 지훈은 합리성이라는 단단한 줄기 위에 서서 감정이라는 벌레를 경계했고, 자신의 세계에 타인이 깊이 들어오는 것을 허락하지 않았다. 그의 끈끈함은 견고했지만, 공감과는 거리가 멀었다. 서연은 조용한 이해와 공감이라는 끈끈함으로 천천히 타인에게 다가갔다. 그녀의 끈끈함은 부드러웠지만, 스스로의 감정을 드러내지 않아 때로는 답답하게 느껴졌다. 그리고 나는, 이 모든 관계의 방식들 속에서 어떤 온도를 선택하고 어떤 끈끈함을 내어야 할지 알지 못한 채 헤매고 있었다. 나의 끈끈함은 너무 약해서 아무도 잡지 못하고 나 자신조차 지키지 못하는 것은 아닐까, 아니면 너무 강해서 다가오는 모든 것을 상처 입히는 것은 아닐까. 아니면 나는 그저 이 유리온실 안에서 혼자만 끈끈한 이슬을 맺고 있는 고립된 식물일까. 아무도 다가오지 않는, 혹은 아무에게도 다가가지 못하는. 사춘기의 외로움은 이 유리온실 안에서도 나를 끈끈하게 감싸고 놓아주지 않았다.

관계가 깊어질수록 끈끈함은 더욱 강해졌다. 우리는 서로의 비밀을 알게 되고, 약점을 공유하고, 서로에게 더 많은 것을 기대하게 되었다. 그 끈끈함은 때로는 우리를 단단하게 묶어주는 유대감이 되었지만, 동시에 서로에게 더 큰 상처를 줄 수 있는 위험을 내포하고 있었다. 끈끈이주걱의 끈끈한 이슬은 벌레에게는 치명적인 덫이지만, 끈끈이주걱 스스로에게는 생존을 위한 필수적인 부분이다. 관계의 끈끈함도 마찬가지 아닐까. 우리를 아프게 할 수도 있지만, 동시에 우리가 살아가고 성장하는 데 필요한 어떤 힘.

나는 관계의 끈끈함이 두려웠다. 상처받을까 봐, 혹은 내가 누군가에게 상처를 줄까 봐. 하지만 동시에 그 끈끈함 없이는 진정한 관계를 맺을 수 없다는 것을 알았다. 달콤한 이슬만으로는 아무것도 잡을 수 없듯이, 겉으로만 맴도는 관계는 결국 아무런 의미도 남기지 않을 터였다. 끈끈함은 관계의 본질이었다. 그리고 그 본질은 아름다움과 위험을 동시에 품고 있었다.

교실에 어둠이 짙어졌다. 창밖으로 가로등 불빛이 희미하게 스며들며 길게 늘어진 그림자들을 더욱 어둡게 만들었다. 우리는 여전히 함께 있었지만, 각자의 생각과 감정 속에서 저마다 다른 공간에 머물고 있는 듯했다. 물리적인 거리는 가까웠지만, 마음의 거리는 저마다 달랐다. 민지는 스마트폰으로 친구와 메시지를 주고받으며 끊임없이 손가락을 움직였고, 입가에는 미소가 떠나지 않았다. 그녀는 늘 외부 세계와 활발하게 소통하는 것 같았다. 지훈은 문제집을 풀다 막혔는지 미간을 찌푸리며 볼펜 끝으로 책상을 두드렸다. 그의 머릿속은 문제 해결이라는 논리로만 가득 찬 듯 보였다. 예은은 새로 볼 영화의 예고편을 소리가 새어 나오지 않게 이어폰을 끼고 보며 탄성을 질렀다. 그녀의 관심사는 언제나 현재의 즐거움에 맞춰져 있었다. 서연은 아무 말 없이 창밖을 바라보며 깊은 생각에 잠겨 있었다. 그녀의 눈빛은 멀리, 우리가 아닌 다른 곳을 향하고 있는 것 같았다. 그리고 나는, 손안의 끈끈이주걱 화분을 만지작거리며 그 작은 식물의 고독한 생존 방식에 대해 다시금 생각했다. 끈끈이주걱은 자신에게 필요한 영양분을 얻기 위해 스스로 덫을 만들고, 스스로 소화한다. 관계 속에서 우리도 각자에게 필요한 것(이해, 인정, 즐거움, 안정감, 혹은 회피)을 얻기 위해 자신만의 방식, 자신만의 끈끈함을 고집하고 있는 것은 아닐까. 그 방식이 때로는 타인에게 상처를 주거나 스스로를 고립시키기도 한다는 것을 알지 못한 채, 혹은 알면서도 어쩔 수 없어서.

 이 유리온실 안에서, 우리는 모두 서로에게 무심코 이슬방울을 던지고, 때로는 그 이슬에 끈끈하게 붙잡히며, 때로는 스스로 끈끈한 덫을 만들고 있었다. 관계의 시작은 달콤한 이슬 같았지만, 그 속에는 언제나 끈끈함이 숨어 있었다. 그리고 그 끈끈함은 나에게 불안감을 안겨주었다. 이 관계는 나를 어디로 이끌어갈까. 나는 이 끈끈함 속에서 살아남을 수 있을까. 상처받지 않고, 혹은 상처를 극복하고, 나를 키워 낼 수 있을까.

3. 유리온실 안의 첫 마찰

 교실이라는 유리온실 안에서 다섯 개의 다른 온도가 뒤섞이는 것은 때로 예상치 못한 소용돌이를 만들어냈다. 겉보기에는 평화로운 공간이었지만, 그 안의 공기는 서로 다른 기류가 만나 부딪히며 끊임없이 흔들렸다. 우리는 함께 웃고 이야기하며 시간을 보냈지만, 각자의 성격과 방식이 충돌할 때마다 관계의 표면에는 미세한 균열이 생겼다. 제 2장에서 예은의 무심한 말과 친구들의 반응이 나에게 작은 상처를 남겼던 것처럼, 이러한 '무심코 던져진 이슬방울'들은 점점 더 끈끈해져 우리를 얽어매는 실타래가 되었다.

우리의 서툰 마음들이 가장 여과 없이 부딪히는 순간은 무언가를 함께 결정하거나 협력해야 할 때였다. 예를 들어, 주말에 함께 영화를 보러 가기로 했을 때, 어떤 영화를 볼지 정하는 과정은 늘 작은 전쟁터가 되었다. 단체 채팅방은 각자의 취향과 주장이 뒤섞이는 아수라장이었다. 예은은 즉흥적이고 자극적인 재미를 원했고, 민지는 강렬하고 압도적인 경험을 선호했다. 지훈은 감정보다는 효율적인 절차와 객관적인 데이터를 따르려 했고, 서연은 자신의 취향을 조심스럽게, 거의 속삭이듯이 내비쳤다. 그리고 나는... 나는 딱히 어떤 영화를 보고 싶다는 강한 욕구가 없었다. 그저 친구들과 함께 시간을 보내는 것 자체가 중요했다. 하지만 어떤 영화를 선택하든 누군가는 실망할 것이고, 그 과정에서 또다시 미묘한 감정들이 오갈 것이 분명했다. 나는 이 갈등의 파도에 휩쓸리고 싶지 않았다. 나의 대답은 언제나 "음... 다 재밌을 것 같은데... 나는 뭐든 괜찮아. 너희가 보고 싶은 거 정하면 따라갈게"였다.

나의 이런 회피적인 태도는 때로는 친구들을 더 답답하게 만들었다. 민지는 "야, 너는 맨날 아무거나야! 네가 보고 싶은 거 없어? 좀 제대로 말해봐!"라며 뜨겁게 직설했고, 예은은 "맞아! 네 의견도 중요하잖아! 맨날 뒤로 빠지지 말고!"

라며 가볍게 비난했으며, 지훈은 "자신의 선호를 명확히 표현하는 것이 의사결정 과정을 단축시키고 효율성을 높여. 네 의견을 말하지 않으면 너의 선호는 반영될 수 없어. 그건 비합리적인 선택이야"라며 차갑게 논리를 들이댔다. 그들의 말은 틀리지 않았다. 나는 늘 관계 속에서 나의 존재를 희미하게 만들고 싶어 했다. 나로 인해 갈등이 생기거나 분위기가 어색해지는 것이 두려웠기 때문이다. 하지만 나의 그런 회피적인 태도가 오히려 친구들에게는 답답함과 서운함을 안겨준다는 것을 그때 깨달았다. 나의 '아무거나'라는 대답은 그들에게는 '너는 우리와의 시간에 별로 관심이 없다'는 메시지로 전달될 수도 있다는 것을. 나의 끈끈함은 너무 약해서, 관계에 제대로 붙어 있지 못하고 자꾸만 떨어져 나가려 하는 것 같았다. 서연은 여전히 조용했다. 그녀의 침묵은 나에게는 익숙했지만, 다른 친구들에게는 어떻게 느껴질까. 어쩌면 서연 역시 나처럼 갈등을 피하고 싶어서, 혹은 자신의 의견이 중요하지 않다고 생각해서 침묵하는 것일까. 그녀의 조용한 온도는 나에게 위안을 주기도 했지만, 때로는 그녀의 속마음을 알 수 없어 답답하게 느껴지기도 했다.

결국 우리는 투표를 했고, 민지가 보고 싶어 하던 액션 영화로 결정되었다. 나는 안도했지만, 동시에 마음 한구석이 불

편했다. 나의 의견은 여전히 중요하지 않았고, 나는 여전히 관계의 표면에서 맴돌고 있는 듯했다. 이 과정에서 나는 내가 관계의 중심이 아닌 주변부에 머물고 있다는 것을 다시 한번 확인했다.

또 다른 충돌은 학교 조별 과제 발표 준비 중에 일어났다. 주제 선정부터 자료 조사, 발표 방식까지 우리는 사사건건 부딪혔다. 민지는 리더십을 발휘하며 빠르게 일을 추진하려 했지만, 과정보다는 결과에만 집중하는 경향이 있었다. 지훈은 모든 것을 데이터와 논리에 기반하여 분석했고, 비효율적인 부분은 가차 없이 잘라냈다. 예은은 아이디어는 많았지만 실행력이 부족했고, 금세 흥미를 잃고 다른 일에 집중했다. 서연은 꼼꼼하게 자료를 정리했지만, 자신의 의견을 적극적으로 내세우지 못했다. 그리고 나는... 나는 그들 사이에서 의견을 조율하고 분위기를 부드럽게 만들려 애썼지만, 나의 목소리는 쉽게 묻혔다. 나는 마치 끈끈이주걱의 잎 사이에서 길을 잃은 작은 벌레처럼, 어디로 가야 할지 알지 못한 채 헤매고 있었다.

"야, 이거 자료 조사 제대로 안 된 것 같은데? 누가 맡은 거야? 서연, 네가 한 거 맞아?" 민지가 서연이 조사한 부분의 자료를 보며 짜증 섞인 목소리로 말했다. 서연은 얼굴이

빨개지며 작게 대답했다. "응... 내가 했는데... 부족한가 봐..." 민지는 "부족한 정도가 아니라 아예 방향이 틀렸잖아! 다시 해와!"라며 서연을 몰아붙였다. 민지의 뜨거운 온도가 서연을 향해 맹렬하게 쏟아졌다. 서연은 아무 말도 하지 못하고 고개를 숙였다. 민지의 직설적인 면은 서연에게는 너무 강한 덫이 되었다.

"민지야, 너무 그렇게 말하지 마. 서연이도 열심히 했을 거야." 내가 조심스럽게 말했다. 나의 목소리는 작았고, 떨렸다. "열심히 한 거랑 제대로 한 거랑은 다르지! 우리가 시간이 얼마나 없는데! 효율적으로 해야 할 거 아니야?" 지훈이 끼어들었다. 그의 차가운 논리가 민지의 뜨거움과 부딪혔다. 지훈은 서연의 감정보다는 '효율성'이라는 결과에만 집중했다. 그의 말은 서연의 노력을 무시하는 것처럼 들렸다. 지훈의 끈끈함은 감정을 배제한 논리였고, 그것은 관계의 부드러움을 파괴했다. "아, 몰라 몰라! 그냥 대충 하고 끝내자! 어차피 점수 잘 안 나올 것 같은데 뭐!" 예은이 갑자기 짜증을 내며 말했다. 그녀는 이미 이 상황이 지겨워진 듯했다. 예은의 변덕스러운 온도는 갈등 상황을 더욱 예측 불가능하게 만들었다. 그녀의 끈끈함은 책임감 없이 쉽게 떨어져 나갔다.

나는 이 모든 상황 속에서 어찌할 바를 몰랐다. 민지의 뜨거운 분노, 서연의 차가운 위축, 지훈의 건조한 비판, 예은의 무책임한 회피. 이 모든 서툰 마음들이 부딪히고 충돌하며 만들어내는 끈끈한 공기 속에서 나는 숨쉬기 어려웠다. 우리는 모두 서로에게 끈끈한 이슬을 내밀며 다가갔지만, 그 이슬은 때로는 상처를 주는 덫이 되었고, 때로는 서로를 이해하지 못하는 벽이 되었다. 각자의 '끈끈함'의 방식이 너무나 달라, 서로에게 닿으려 할수록 더 깊이 얽히고 상처 입는 듯했다. 마치 끈끈이주걱의 끈끈한 액체가 벌레를 잡는 데는 효과적이지만, 다른 끈끈이주걱의 잎에 닿으면 서로 엉겨 붙어 움직이지 못하게 되는 것처럼. 우리의 서툰 마음들은 서로에게 닿으려 할수록 충돌하고 엉켜붙었다. 관계의 끈끈함은 우리를 묶어주었지만, 동시에 우리를 아프게 했다. 우리는 모두 관계의 덫을 만들고, 그 덫에 스스로 걸려들고 있었다.

  서툰 마음들의 충돌이 잦아질수록, 나는 점점 더 혼자라는 느낌에 사로잡혔다. 친구들과 함께 있지만, 마치 투명한 벽으로 둘러싸인 섬에 홀로 남겨진 듯한 기분이었다. 교실이라는 유리온실 안에서, 나는 다른 네 명의 친구들과는 다른 온도, 다른 끈끈함을 가진 이질적인 존재처럼 느껴졌다. 그들의 뜨거움, 차가움, 변덕스러움, 논리적임 속에서 나의 미지근하고 예민한 온도는 쉽게 길을 잃었다. 그들은 각자의 방식으로 강한 끈끈함을 내뿜었지만, 나는 어떤 끈끈함을 내어야 할지 알지 못했다. 나의 끈끈함은 너무 약해서, 그들의 강한 끈끈함에 쉽게 묻혀버렸다. 서연만이 조용히 나를 바라봐 주었지만, 그녀 역시 자신의 세계에 갇혀 있는 듯 보일 때가 많았다. 우리는 함께 있었지만, 각자의 섬에 고립된 채 서로를 향해 손을 뻗는 듯했다. 하지만 그 손은 닿지 않거나, 닿더라도 서로의 끈끈함에 엉겨 붙어버렸다.

집으로 돌아오는 길, 나는 늘 손안의 *끈끈이주걱* 화분을 바라보았다. 작은 화분 속에서 홀로 붉은 잎을 펼치고 있는 *끈끈이주걱*. 주변의 다른 식물들과는 전혀 다른 방식으로 살아가는 존재. 햇빛과 물만으로는 부족하여 스스로 덫을 만들어 영양분을 얻어야만 하는 고독한 사냥꾼. 그 고독한 생존 방식은 때로는 나의 모습과 닮아 있는 것 같았다. 나는 관계 속에서 나를 지키기 위해, 혹은 나에게 필요한 것(이해, 공감, 소속감)을 얻기 위해 어떤 '끈끈함'을 내어야 할지 알지 못했다. 나의 끈끈함은 너무 약해서 아무도 붙잡지 못했고, 그래서 나는 늘 관계의 가장자리에서 맴돌았다. 다른 친구들처럼 쉽게 어울리지 못하고, 깊은 속마음을 드러내지 못했다.

사춘기의 불안과 외로움은 나를 끈끈하게 감싸고 놓아주지 않았다. 나는 내가 누구인지, 무엇을 원하는지 알 수 없었다.

친구들과의 관계 속에서 나는 나의 모습을 찾으려 했지만, 오히려 그들의 기대와 시선 속에서 길을 잃는 듯했다. 민지는 나에게 더 적극적이 되라고 말했고, 지훈은 더 합리적이 되라고 조언했으며, 예은은 더 재미있어지라고 부추기는 것 같았다. 하지만 나는 그들처럼 될 수 없었다. 나는 그저 나만의 속도와 방식으로 세상을 느끼고, 나만의 방식으로 관계를 맺고 싶을 뿐이었다. 그들의 기대는 나에게 또 다른 끈끈한 덫처럼 느껴졌다.

밤늦게까지 방에 혼자 앉아 끈끈이주걱을 바라보았다. 작은 벌레 한 마리가 이슬방울에 붙잡혀 필사적으로 날개를 파닥이는 모습이 보였다. 그 벌레는 살기 위해 발버둥 쳤지만, 끈끈함은 더욱 강하게 그를 옭아맸다. 관계 속에서 상처받고 발버둥 치는 나의 모습 같았다. 벗어나려 할수록 더 깊이 얽히는. 나는 왜 이렇게 관계가 어려울까. 왜 친구들과 함께 있어도 외로움을 느낄까. 왜 나의 진심은 제대로 전달되지 않고, 왜 나는 자꾸만 상처받을까. 이러한 질문들이 끈끈한 이슬처럼 내 마음속에 맺혔다. 답을 찾으려 할수록 질문들은 더 늘어났고, 나는 그 질문들의 끈끈함에 갇혀버리는 듯했다.

어쩌면 나는 애초에 관계라는 유리온실에 어울리지 않는 식물일지도 모른다는 생각이 들었다. 다른 식물들처럼 햇빛과 물만으로 자라지 않고, 스스로 덫을 만들어 영양분을 얻어야만 하는 끈끈이주걱처럼. 나는 다른 친구들과는 다른 방식으로 관계를 맺고, 다른 방식으로 상처를 소화해야만 하는 존재일지도 몰랐다. 나의 생존 방식은 그들과 달랐다.

 혼자 남겨진 섬에서, 나는 나만의 끈끈함을 들여다보았다. 그것은 약하고 투명했지만, 분명히 존재했다. 그리고 나는 그 끈끈함이 나를 지키는 유일한 무기이자, 동시에 나를 고립시키는 원인일 수도 있다는 것을 깨달았다. 사춘기의 외로움은 그 끈끈함 속에서 더욱 깊어졌다. 하지만 동시에, 그 고독한 시간 속에서 나는 나 자신에게 더 집중할 수 있었다. 다른 온도의 영향을 받지 않고, 나만의 속도로 숨 쉬고 생각할 수 있었다. 혼자라는 섬은 때로는 외로웠지만, 때로는 나를 보호해 주는 안전한 공간이기도 했다. 관계의 유리온실 속에서 상처받는 것보다, 이 섬에서의 고독이 차라리 편안하게 느껴질 때도 있었다.

 나는 이 섬에서 어떻게 벗어나야 할지 알지 못했다. 아니, 어쩌면 벗어나는 것이 아니라 이 섬 안에서 나만의 방식으로 살아가는 법을 배워야 하는지도 몰랐다. 끈끈이주걱이 자신의 덫으로 스스로를 키워내듯, 나도 이 외로움과 불안이라는 끈끈함 속에서 나를 키워내야 하는 것일까. 혼자 남겨진 섬에서, 나는 관계의 *끈끈함*과 나 자신의 *끈끈함* 사이에서 길을 찾으려 애쓰고 있었다. 이 섬은 나에게 관계의 복잡성으로부터 잠시 벗어나 나 자신을 돌아볼 수 있는 공간을 마련해 주었다. 그리고 그 고독 속에서 나는 비로소 나만의 온도를, 나만의 끈끈함을 이해하기 시작했다. 그것이 다른 친구들의 것과는 다르더라도, 나에게는 가장 자연스러운 생존 방식이라는 것을. 이 섬은 나에게 관계의 소음 속에서 들리지 않던 내면의 목소리에 귀 기울일 기회를 주었다.

2부

4. 상처라는 이름의 이슬방울

　이 유리온실 안에서, 우리는 각자의 온도를 품고 서로에게 다가갔다. 때로는 따뜻한 햇살처럼 느껴지기도 했고, 때로는 차가운 바람처럼 스쳐 지나가기도 했다. 하지만 가장 흔하게 마주하는 것은, 끈끈이주걱 잎에 맺힌 이슬방울처럼 겉보기에는 아름답거나 무해해 보이지만 사실은 작은 상처를 품고 있는 말과 행동들이었다. 그것들은 무심코 던져졌지만, 나의 예민한 마음에 끈끈하게 달라붙어 떨어지지 않았다.

　그날은 방과 후에 함께 모여 다음 주 있을 반 대항 체육 대회에 대해 이야기하고 있었다. 종목별로 나갈 사람을 정하고, 전략을 짜는 시간이었다. 나는 운동에 소질이 없었고, 체육 대회 자체에 큰 흥미도 느끼지 못했다. 그저 친구들과 함께 그 시간을 보내는 것만이 중요했다.

"야, 달리기 나갈 사람? 우리 반 에이스는 당연히 민지고, 남자 중에선 지훈이가 빠르니까 둘이 나가면 되겠다!" 예은이 신나서 말했다. 그녀는 늘 이렇게 분위기를 주도하고 빠르게 결론을 내리려 했다.

민지는 어깨를 으쓱하며 "당연하지! 내가 나가야 우리 반이 이기지!"라며 자신만만하게 웃었다. 지훈은 "기록 측정해서 가장 효율적인 조합으로 나가는 게 맞겠지"라며 동의했다.

"그럼... 나는 뭐 하지?" 나는 조심스럽게 물었다. 달리기나 구기 종목은 자신이 없었다.

"너? 너는... 음..." 예은이 나를 위아래로 훑어보며 잠시 생각하더니 말했다. "너는 그냥 응원이나 열심히 해! 목소리 크잖아!"

예은은 웃으며 말했지만, 그 말은 나에게 작게 박혔다. '응원이나 열심히 해'. 마치 나는 경기에 직접 참여할 능력은 없고, 그저 옆에서 소리나 지르는 존재라는 뜻 같았다. 그녀의 말은 달콤한 이슬처럼 가볍게 던져졌지만, 그 안에 담긴 '너는 쓸모없다'는 뉘앙스는 나를 꼼짝 못하게 만드는 끈끈한 덫이 되었다. 나는 체육에 약하다는 나의 약점을 그녀가 무심코 건드린 것 같아 얼굴이 화끈거렸다.

"야, 예은아. 말 그렇게 하지 마." 서연이 조용히 예은에게 말했다. 서연은 늘 이렇게 약한 친구를 감싸주려 했다. 그녀의 조용한 온도는 나에게 작은 위로가 되었다.

"아니, 뭐 어때서! 사실이잖아! 얘가 달리기나 공놀이 잘하는 거 봤어?" 예은은 뭐가 문제냐는 듯 되물었다. 그녀는 자신의 말이 왜 상처가 되는지 전혀 이해하지 못하는 듯했다. 그녀의 끈끈함은 순수했지만, 그 순수함이 때로는 타인의 감정을 무시하는 무심함으로 이어졌다.

민지는 이 상황을 보며 한숨을 쉬었다. "됐어, 됐어. 그럼 너는... 피구 나갈래? 피구는 뭐... 그냥 던지고 피하면 되니까." 민지는 나에게 피구를 제안했지만, 그 말투 속에는 '다른 건 못 하니까 이거라도 해라'는 뉘앙스가 담겨 있는 듯했다. 민지의 뜨거운 온도는 나를 위한 배려처럼 보였지만, 그 방식은 나에게 또 다른 상처를 남겼다. 그녀의 끈끈함은 강렬했고, 때로는 나를 그녀의 틀 안에 가두려 하는 것 같았다.

지훈은 이 모든 대화에 끼어들지 않고 스마트폰으로 체육 대회 종목별 규칙을 검색하고 있었다. 그에게는 누가 어떤 종목에 나가든, 가장 효율적으로 승리할 수 있는 조합을 짜는 것이 중요했다. 나의 감정이나 서연의 노력, 예은의 무심함은 그의 논리적인 세계에서는 고려 대상이 아니었다. 그의 차갑고 건조한 온도는 나의 상처받은 감정을 순식간에 증발시켜 버리는 것 같았다. 그의 끈끈함은 딱딱했고, 감정적인 연결보다는 결과만을 중시했다.

나는 결국 피구 명단에 이름이 올랐다. 하지만 기쁘지 않았다. 친구들과 함께 한다는 사실은 좋았지만, 내가 그저 '다른 걸 못 하니까' 피구를 하게 되었다는 사실이 마음을 무겁게 짓눌렀다. 예은의 무심한 말, 민지의 배려 가장한 평가, 지훈의 비감정적인 태도. 이 모든 것들이 '상처라는 이름의 이슬방울'이 되어 나의 마음에 끈끈하게 달라붙었다. 겉보기에는 별것 아닌 대화였지만, 그 안에 담긴 평가와 배제는 나를 외로운 섬으로 밀어내는 듯했다.

또 다른 날, 우리는 진로에 대한 이야기를 나누고 있었다. 각자 어떤 직업을 갖고 싶은지, 어떤 대학에 가고 싶은지에 대해 이야기하며 미래에 대한 막연한 불안감과 기대를 공유했다.

민지는 망설임 없이 말했다. "나는 당연히 경찰 될 거야!

정의로운 일 하고 싶어! 불의를 보면 못 참거든!" 그녀의 목소리에는 확신과 열정이 가득했다.

지훈은 차분하게 자신의 계획을 설명했다. "나는 경영학과 가서 금융 쪽으로 갈 생각이야. 데이터를 분석하고 투자 전략을 짜는 게 재밌을 것 같아. 안정적이고 효율적인 분야니까." 그의 계획은 구체적이고 현실적이었다.

예은은 잠시 고민하는 듯하더니 말했다. "나는... 음... 아직 잘 모르겠는데... 그냥 재밌는 일 하고 싶어! 연예인 매니저나 유튜버? 아님 여행 작가? 막 돌아다니면서 맛있는 거 먹고 재밌는 거 하는 거!" 그녀의 꿈은 자유롭고 즉흥적이었다.

서연은 조용히 자신의 생각을 말했다. "나는... 사람들의 마음을 이해하고 싶어. 심리학과나 상담 쪽으로 가고 싶어. 힘들어하는 사람들에게 도움이 되고 싶거든." 그녀의 꿈은 섬세하고 따뜻했다.

그리고 나의 차례가 되었다. 나는 딱히 구체적인 꿈이 없었다. 식충식물을 키우는 것 외에는 특별히 열정을 느끼는 분야도 없었다. 나는 망설였다. 내가 '식충식물 연구가'가 되고 싶다고 말하면 친구들은 어떻게 반응할까. 예은은 또 징

그렇다고 할까? 지훈은 비효율적이고 비현실적인 꿈이라고 평가할까? 민지는 열정이 부족하다고 말할까?

"나는... 아직 잘 모르겠어. 그냥... 내가 뭘 좋아하는지 찾는 중이야." 나는 얼버무렸다.

"뭐야, 아직도 못 정했어? 우리 이제 고등학생인데? 슬슬 정해야지!" 예은이 놀란 듯 말했다. 그녀의 목소리에는 '왜 아직도 그러고 있냐'는 듯한 답답함이 섞여 있었다.

"네 나이 때는 구체적인 목표를 설정하고 계획을 세우는 게 중요해. 그래야 시간과 노력을 효율적으로 분배할 수 있어. 막연하게 '찾는 중'이라고만 하면 비효율적이야." 지훈이 진지하게 조언했다. 그의 말은 나에게 '너는 지금 시간을 낭비하고 있다'고 말하는 듯했다.

민지는 나를 보며 말했다. "야, 네가 뭘 좋아하는지 진짜 모르겠어? 네가 좋아하는 거에 좀 더 집중해봐! 열정을 가져야지!" 민지의 말은 나를 격려하려는 의도였겠지만, 나에게는 '너는 열정이 부족한 사람'이라는 평가처럼 들렸다.

친구들의 말은 모두 나를 위한 조언처럼 들렸다. 하지만 그 조언들은 나의 현재 상태를 '문제'로 규정하고, 나를 그들의 기준에 맞춰 바꾸려 하는 것처럼 느껴졌다. 예은의 무심한 평가, 지훈의 차가운 합리성, 민지의 뜨거운 기대. 이 모든 것들이 '상처라는 이름의 이슬방울'이 되어 나의 마음에 끈끈하게 달라붙었다. 나는 그들의 기대에 부응하지 못하는 나 자신이 초라하게 느껴졌다. 나의 꿈 없음, 나의 느릿함, 나의 예민함. 이 모든 것이 관계 속에서는 약점이 되는 것 같았다.

서연은 이 모든 대화 속에서 조용히 나를 바라보았다. 그녀는 아무런 조언도, 평가도 하지 않았다. 그저 나의 불안한 눈빛을 조용히 마주할 뿐이었다. 그녀의 눈빛 속에는 '괜찮아, 그럴 수도 있지'라고 말하는 듯한 따뜻한 이해가 담겨 있는 것 같았다. 서연의 조용한 온도는 나에게 작은 안식처가 되었다. 그녀의 끈끈함은 강요하지 않았고, 그저 조용히 옆에 있어주는 것이었다.

관계의 달콤함(함께 이야기하고 미래를 공유)뒤에는 늘 예상치 못한 끈끈함(평가, 기대, 이해받지 못함)이 숨어 있었다. 친구들의 무심한 말과 행동은 나에게 '상처라는 이름의 이슬방울'이 되어 끈끈하게 달라붙었고, 나는 그 끈끈함 속에서 점점 더 외로움을 느꼈다. 우리는 함께 있었지만, 각자의 섬에 고립된 채 서로를 향해 손을 뻗는 듯했다. 하지만 그 손은 닿지 않거나, 닿더라도 서로의 끈끈함에 엉겨 붙어버렸다. 관계의 끈끈함은 우리를 묶어주었지만, 동시에 우리를 아프게 했다. 그리고 나는, 그 아픔속에서 점점 더 혼자라는 섬으로 숨어들었다.

5. 달콤함 뒤에 숨은 끈끈함

 교실이라는 안에서, 관계는 늘 이중적인 얼굴을 하고 있었다. 끈끈이주걱 잎에 맺힌 이슬방울처럼, 겉보기에는 투명하고 아름답게 반짝여서 나를 포함한 작은 벌레들을 유인했지만, 그 달콤함에 이끌려 아무 생각 없이 다가가는 순간 끈끈한 덫에 걸려들 위험이 도사리고 있었다. 친구들과의 관계도 마찬가지였다. 함께 웃고 떠드는 즐거운 시간, 시시콜콜한 이야기를 나누며 서로에게 힘이 되어주는 순간들. 그것은 분명 달콤한 이슬 같았다. 사춘기의 불안과 외로움 속에서, 그런 달콤함은 나에게 잠시나마 현실의 무게를 잊게 해주는 유일한 탈출구처럼 느껴졌다. 하지만 그 달콤함 뒤에는 언제나 예상치 못한 끈끈함이 숨어 있었다. 관계가 깊어질수록 그 끈끈함은 더욱 강해졌고, 때로는 나를 옭아매는 듯한 답답함으로 다가왔다.

  우리가 가장 순수하고 달콤한 이슬을 나누는 시간은 아마도 학교가 끝난 후, 특별한 목적지나 계획 없이 동네를 배회하거나 누군가의 집에 모여 시시콜콜한 이야기를 나눌 때였다. 그날도 우리는 민지의 집에 모여 배달 음식을 시켜 먹으며 웃고 있었다. 민지의 방은 우리 다섯에게는 아지트 같은 공간이었다. 좁지만 아늑했고, 그곳에서는 학교에서의 긴장감을 잠시 내려놓을 수 있었다. 예은은 최신 유행하는 아이돌 댄스를 어설프게 따라 추며 분위기를 띄웠고, 민지는 그런 예은을 보며 "야, 너 진짜 몸치다 몸치! 그게 뭐냐!"라고 타박하면서도 입가에는 숨길 수 없는 미소가 걸려 있었다. 지훈은 한쪽 구석에 앉아 스마트폰으로 주식 차트를 보면서도 우리의 대화에 간간이 끼어들며 현실적인 코멘트를 던졌고, 서연은 조용히 우리의 이야기를 들으며 가끔씩 작게 웃거나 고개를 끄덕였다. 나는 그 순간이 좋았다. 아무런 목적 없이, 어떤 평가나 기대 없이, 그저 함께 있다는 사실만으로도 편안하고 즐거운 시간. 배달 음식의 매콤한 냄새, 친구들의 웃음소리, 창밖으로 들려오는 희미한 생활 소음. 그 모든 것이 어우러져 만들어내는 따뜻한 분위기. 그것이 관계의 달콤함이었다. 끈끈이주걱의 이슬처럼, 나를 기분 좋게 만들고 이 관계에 더 깊이 머물고 싶게 만드는 매력. 나는 그 순간만큼은 교실이라는 유리온실의 복잡함에서 벗어나, 따뜻한 햇살 아래 편안하게 숨 쉬는 식물처럼 느껴졌다.

하지만 그 달콤함 속에서도 끈끈함은 불쑥 고개를 내밀었다. 예은이 갑자기 나에게 물었다. "야, 너는 왜 이렇게 말이 없어? 재미없게. 좀 웃고 그래 봐! 너도 같이 떠들어야 재밌지!" 그녀는 장난스럽게 말하며 내 어깨를 툭 쳤다. 그녀의 의도는 분위기를 더 활기차게 만들고 나를 대화에 참여시키려는 것이었겠지만, 그 말 속에는 나를 '재미없는 사람'으로 규정하고 나를 바꾸려 하는 무언의 기대가 담겨 있는 듯 느껴졌다. 나는 웃고 싶었지만, 억지로 웃는 것은 더 어색하게 느껴졌다. 예은의 달콤한 분위기 유도 뒤에는, 모두가 자신처럼 밝고 활기차야 한다는 무언의 기대가 숨어 있었다. 그 기대는 나에게 끈끈한 부담으로 다가왔다. 나는 그녀의 기대에 부응하지 못하는 나 자신이 작아지는 것을 느꼈다.

민지는 예은의 말에 "야, 예은아. 얘가 원래 좀 그래. 익숙해져. 조용한 애들도 있는 거지 뭐."라고 말했다. 나를 변호해

주는 것 같았지만, 동시에 나의 성격을 고정시키고 '원래 그런 애'로 규정하는 말처럼 들렸다. 민지의 끈끈함은 나를 이해하려 하기보다, 나를 그녀의 시선으로 정의하고 그 틀 안에 가두려는 방식이었다. 그녀는 나를 아끼는 마음으로 그런 말을 했을 테지만, 그 방식은 나에게 '너는 이미 정해진 사람이고, 그 틀에서 벗어나기 어렵다'고 말하는 듯 느껴졌다.

지훈은 우리가 시킨 배달 음식 값을 계산하며 말했다. "오늘 총 3만 5천 원 나왔으니까, 5명이니까 각자 7천 원씩 내는 게 합리적이야. 정확하게 계산하자. 나중에 복잡해지니까." 그의 말은 틀리지 않았다. 정확하고 공정했다. 하지만 즐거운 분위기 속에서 갑자기 튀어나온 그의 계산적인 태도는 분위기를 순식간에 차갑게 만들었다. 예은은 "아, 그냥 대충 내면 되지 뭘 그렇게 꼼꼼하게 계산해!"라며 투덜거렸고, 민지는 "야, 그냥 내가 먼저 다 낼게. 나중에 보내줘."라며 상황을 정리하려 했다. 지훈의 끈끈함은 관계의 따뜻함이나 유연함보다는 정확한 계산과 효율성을 우선시했다. 그의 합리적인 끈끈함은 때로 인간적인 온기를 배제했고, 관계를 사무적인 거래처럼 느껴지게 만들었다.

서연은 내가 예은의 말에 살짝 굳어진 것을 눈치챈 듯, 조용히 내 옆으로 다가와 어깨를 살짝 두드려주었다. 말은 없었지만, 그녀의 눈빛은 '괜찮아, 그럴 수도 있지. 네 모습 그대로 괜찮아'라고 말하는 듯했다. 서연의 조용한 공감은 달콤한 위로였다. 그녀의 존재는 이 복잡한 관계 속에서 내가 기댈 수 있는 작은 안식처였다. 하지만 서연의 끈끈함은 때로 너무 조용해서, 그녀의 진짜 속마음이나 어려움을 알기 어려웠다. 그녀는 자신의 감정을 숨기는 데 익숙했고, 그 침묵은 때로 나에게 답답함이나 걱정을 안겨주기도 했다. 그녀의 달콤한 이해 뒤에는, 그녀가 혼자 감당하고 있을지도 모르는 어떤 끈끈함이 숨어 있는 것 같았다. 그녀는 자신의 끈끈함으로 스스로를 보호했지만, 그것이 타인과의 깊은 연결을 방해하는 덫이 될 수도 있다는 것을 그녀는 알고 있을까.

관계의 달콤함은 나를 이끌었지만, 그 뒤에 숨겨진 끈끈함은 나를 불안하게 만들었다. 함께 웃고 떠드는 순간은 분명 행복했지만, 그 순간 속에서도 나는 내가 그들에게 완벽하게 속해 있지 않다는 느낌을 받았다. 나의 조용함, 나의 예민함, 나의 서툼. 이러한 나의 모습들은 그들의 기대나 방식과는 달랐고, 그 다름은 관계의 끈끈함 속에서 더욱 도드라졌다. 마치 끈끈이주걱의 이슬방울이 햇빛에 반짝이며 아름답게 보이지만, 그 본질은 벌레를 잡는 끈끈한 액체인 것처럼. 관계의 달콤함은 나를 유인했지만, 그 안에 숨겨진 끈끈함은 나를 옭아매려 했다. 그것은 평가의 *끈끈함*, 기대의 *끈끈함*, 혹은 이해받지 못함의 *끈끈함*이었다.

 우리는 서로에게 기대고 의지하기도 했다. 힘든 일이 있을 때 서로에게 털어놓고 위로받는 시간은 분명 달콤했다. 민지는 자신의 가정 문제에 대해 이야기하며 눈물을 보이기도 했고, 우리는 그녀의 손을 잡아주며 함께 슬퍼했다. 서연은 친구들과의 소통 어려움 때문에 학교생활이 힘들다고 털어놓았고, 우리는 그녀의 답답함을 이해하려 노력했다. 지훈은 미래에 대한 불안감을 이야기하며, 아무리 노력해도 원하는 결과를 얻지 못할까 봐 두렵다고 말했다. 예은은 자신의 변덕스러운 감정 기복 때문에 힘들어하며, 왜 자신은 늘 이렇게 감정이 오락가락하는지 모르겠다고 토로했다. 서로의 아픔을 공유하고 위로받는 시간은 분명 달콤한 이슬 같았다. 서로의 상처에 공감하며 우리는 더 깊이 연결되는 듯했다.

 하지만 그 위로와 공감 뒤에는 '나도 너에게 그렇게 해주어야 한다'는 무언의 기대나 부담이 따라왔다. 누군가의 힘듦을 들어주는 것은 분명 따뜻한 일이었지만, 때로는 나의 감정적인 에너지를 모두 소진하게 만드는 *끈끈한* 소모처럼 느껴졌다. 민지의 깊은 슬픔은 나에게도 *끈끈하게* 옮겨붙는 듯했고, 서연이 느끼는 외로움은 나에게도 *끈끈하게* 전염되는 것 같았다. 지훈의 불안감은 나의 미래에 대한 불안감을 더욱 증폭시켰고, 예은의 혼란스러움은 나의 내면의 혼란과 겹쳐 보였다. 우리는 서로의 상처를 나누며 끈끈하게 연결되었지만, 그 끈끈함은 때로 서로의 아픔을 흡수하여 나의 어깨를 무겁게 만들었다. 관계의 끈끈함은 단순히 나를 옭아매는 것뿐만 아니라, 타인의 짐까지 짊어지게 하는 것처럼 느껴졌다.

관계의 달콤함은 우리를 서로에게 이끌었지만, 그 끈끈함은 우리를 아프게 했다. 우리는 서로에게 이슬방울을 내밀었지만, 그 이슬은 때로는 상처를 주는 덫이 되었고, 때로는 서로를 이해하지 못하는 벽이 되었다. 각자의 '끈끈함'의 방식이 너무나 달라, 서로에게 닿으려 할수록 더 깊이 얽히고 상처 입는 듯했다. 마치 끈끈이주걱의 끈끈한 액체가 벌레를 잡는 데는 효과적이지만, 다른 끈끈이주걱의 잎에 닿으면 서로 엉겨 붙어 움직이지 못하게 되는 것처럼. 우리의 서툰 마음들은 서로에게 닿으려 할수록 충돌하고 엉켜붙었다. 관계의 끈끈함은 우리를 묶어주었지만, 동시에 우리를 아프게 했다. 우리는 모두 관계의 덫을 만들고, 그 덫에 스스로 걸려들고 있었다.

나는 관계의 달콤함을 원했지만, 그 뒤에 숨겨진 끈끈함이 두려웠다. 상처받을까 봐, 혹은 내가 누군가에게 상처를 줄까 봐. 나의 조용함과 예민함이 그들에게는 답답함이나 무관심으로 비춰져 상처가 될까 봐. 하지만 동시에 그 끈끈함 없이는 진정한 관계를 맺을 수 없다는 것을 알았다. 달콤한 이슬만으로는 아무것도 잡을 수 없듯이, 겉으로만 맴도는 관계는 결국 아무런 의미도 남기지 않을 터였다. 끈끈함은 관계의 본질이었다. 그리고 그 본질은 아름다움과 위험을 동시에 품고 있었다. 나는 그 이중성 앞에서 혼란스러웠다. 관계에 깊이 발을 들여놓을수록 끈끈함은 더욱 강해졌고, 그 끈끈함은 나를 옭아매는 듯한 불안감을 안겨주었다. 이 관계는 나를 어디로 이끌어갈까. 나는 이 끈끈함 속에서 살아남을 수 있을까. 상처받지 않고, 혹은 상처를 극복하고, 나를 키워낼 수 있을까. 달콤함에 이끌려 다가갔지만, 끈끈함에 붙잡혀버린 작은 벌레처럼, 나는 관계라는 끈끈한 덫 안에서 발버둥 치고 있었다. 벗어나려 할수록 끈끈함은 더욱 강해졌고, 나는 점점 더 깊이 얽혀 들어갔다. 이 끈끈함은 나를 질식시킬 수도 있지만, 어쩌면 이 끈끈함 속에서 나는 비로소 나에게 필요한 영양분을 얻고 성장할 수 있을지도 모른다는 희미한 가능성을 붙잡고 있었다. 관계의 달콤함과 끈끈함 사이에서, 나는 위태로운 줄타기를 계속하고 있었다.

6. 끈끈함의 시작과 불안

관계의 달콤한 이슬에 이끌려 다가간 후, 나는 점점 더 끈끈함의 영역으로 깊숙이 들어서고 있음을 느꼈다. 처음에는 그저 함께 시간을 보내는 것이 좋았고, 서로의 다른 온도를 신기하게 여겼다. 하지만 시간이 흐르고 함께 겪는 일들이 많아지면서, 우리 다섯 사이에는 눈에 보이지 않는 끈끈한 실들이 얽히기 시작했다. 그 실들은 우리를 서로에게 더 단단히 묶어주었지만, 동시에 나에게는 알 수 없는 불안감을 안겨주었다.

끈끈함의 시작은 사소한 것에서부터였다. 서로의 집을 스스럼없이 드나들게 되고, 가족 이야기나 개인적인 고민을 털어놓게 되는 것. 주말 약속을 잡을 때 다른 친구들보다 우리 다섯이 먼저 고려 대상이 되는 것. 학교에서 힘든 일이 있을 때 가장 먼저 서로를 찾게 되는 것. 이러한 모든 순간들이 우리 관계의 끈끈함을 더해갔다. 마치 끈끈이주걱의 잎이 벌레를 잡은 후 소화액을 분비하며 더욱 끈끈해지는 것처럼, 함께하는 시간과 감정의 공유는 우리 관계를 더욱 밀착시켰다.

하지만 이 끈끈함은 나에게 양가적인 감정을 불러일으켰다. 한편으로는 소속감을 느끼게 해주었다. 혼자라는 섬에 고립될까 봐 늘 불안했던 나에게, 이 끈끈함은 내가 어딘가에 속해 있다는 안도감을 주었다. 마치 끈끈이주걱이 뿌리를 내리고 잎을 펼쳐 주변의 공기와 연결되는 것처럼, 나도 이 관계 속에서 세상과 연결된 듯한 느낌을 받았다.

다른 한편으로는, 이 끈끈함이 나를 옭아매는 덫처럼 느껴졌다. 관계가 깊어질수록 나는 더 이상 나만의 속도와 방식으로 움직일 수 없게 되는 것 같았다. 그룹의 결정에 따라야 하고, 친구들의 기대에 부응해야 하며, 그들의 감정에 신경 써야 했다. 나의 조용함이나 예민함은 때로 그룹의 분위기를 해치는 것처럼 느껴져 스스로를 억누르게 되었다. 마치 끈끈이주걱 잎에 붙잡힌 벌레가 발버둥 칠수록 끈끈함에 더 깊이 얽히는 것처럼, 관계 속에서 나만의 공간을 지키려 할수록 나는 더 강한 끈끈함에 붙잡히는 듯했다.

특히 불안감을 키운 것은 '기대'라는 이름의 끈끈함이었다. 민지는 내가 더 활발하고 적극적이 되기를 기대하는 것 같았고, 지훈은 내가 더 논리적이고 효율적이 되기를 바라는 것 같았다. 예은은 내가 그들의 유머에 더 크게 반응하고 함께 즐거워하기를 원했고, 서연은 내가 자신의 조용한 세계를 이해해주기를 바라는 것 같았다. 그들의 기대는 나를 향한 관심이자 애정의 표현일 수도 있었지만, 나에게는 그 기대에 미치지 못할 때마다 실망시킬까 봐 두려운 끈끈한 부담으로 다가왔다. 나는 그들의 기대라는 끈끈한 이슬에 붙잡혀, 내가 아닌 다른 모습으로 변해야만 하는 것은 아닐까 불안했다.

관계의 끈끈함은 또한 '책임감'이라는 형태로 나타났다. 친구가 힘들어할 때 당연히 옆에 있어주고 위로해주어야 한다는 책임감, 그룹의 일에 적극적으로 참여해야 한다는 책임감. 이러한 책임감은 관계를 유지하는 데 필수적인 끈끈함이었지만, 때로는 나의 어깨를 무겁게 짓눌렀다. 나의 감정적인 에너지가 부족할 때조차 친구의 힘듦을 외면할 수 없었고, 나의 의견과 다르더라도 그룹의 결정에 따라야 했다. 마치 끈끈이주걱이 잡은 벌레를 끝까지 소화해야만 하는 것처럼, 관계의 끈끈함은 나에게 어떤 의무와 부담을 지게 했다.

이러한 끈끈함 속에서 나는 '혼자이고 싶은 마음'과 '함께 하고 싶은 마음' 사이에서 갈등했다. 혼자 있을 때는 외로웠지만 자유로웠고, 함께 있을 때는 즐거웠지만 얽매이는 느낌이었다. 관계의 끈끈함은 나를 외로움이라는 섬에서 끌어내 주었지만, 동시에 나를 '우리'라는 또 다른 섬에 가두는 것 같았다. 그 섬 안에서는 나만의 속도로 움직이거나, 나만의 방식으로 생각하는 것이 쉽지 않았다.

끈끈함이 깊어질수록, 관계가 깨질지도 모른다는 불안감도 커졌다. 사소한 오해나 충돌이 관계 전체를 흔들 수도 있다는 두려움. 내가 무심코 던진 말이나 행동이 누군가에게 상처가 되어 관계의 끈끈함이 끊어져 버릴 수도 있다는 걱정. 끈끈이주걱의 잎이 너무 강한 충격을 받으면 찢어지거나 기능을 잃는 것처럼, 우리의 관계도 예상치 못한 충돌로 인해 망가질 수 있다는 불안감이 나를 끈끈하게 따라다녔다. 관계가 깊어질수록 잃을 것이 많아졌고, 그만큼 불안감도 커졌다.

나는 이 끈끈함의 정체를 알고 싶었다. 이것은 나를 키우는 힘일까, 아니면 나를 질식시키는 덫일까. 끈끈이주걱의 이슬이 생존을 위한 필수적인 끈끈함이듯, 인간 관계의 끈끈함도 성장을 위한 필수적인 과정일까. 아니면 그저 서로를 옭아매고 상처 입히는 위험한 덫일 뿐일까.

교실 안에서, 우리는 점점 더 끈끈하게 얽혀갔다. 서로의 삶에 깊숙이 들어서고, 서로에게 더 많은 것을 기대하고, 서로에게 더 큰 영향을 주고받았다. 그 끈끈함은 때로 따뜻한 유대감으로 느껴졌지만, 때로는 나를 옭아매는 불안감으로 다가왔다. 나는 이 끈끈함 속에서 어떻게 균형을 잡아야 할지 알지 못했다. 너무 멀어지면 외로워지고, 너무 가까워지면 상처받고 얽매이는 듯했다. 끈끈함의 시작은 달콤한 이슬 같았지만, 그 끝은 알 수 없는 불안으로 가득 차 있었다. 나는 이 끈끈함 속에서 나만의 방식으로 숨 쉬고 살아남는 법을 배워야만 했다. 그것이 이 유리온실 안에서 내가 계속 자라나기 위한 유일한 방법일지도 몰랐다.

3부

7. 서로 다른 사냥 방식의 충돌

 이 교실이라는 유리온실 안에서, 우리는 각자 자신만의 방식으로 관계라는 복잡한 생태계 속에서 살아남으려 애썼다. 마치 식충식물들이 저마다 다른 '사냥 방식'으로 영양분을 얻듯, 우리 다섯은 각자의 성격과 경험에 따라 관계 속에서 발생하는 문제나 갈등에 대처하는 방식이 달랐다. 그리고 이러한 서로 다른 '사냥 방식'은 필연적으로 충돌을 일으켰다.

 민지의 사냥 방식은 '돌진'이었다. 그녀는 문제가 발생하면 망설임 없이 정면으로 부딪혔다. 자신의 감정을 숨기지 않고 솔직하게 표현했고, 상대방에게도 똑같은 솔직함을 요구했다.

마치 파리지옥이 잎을 빠르게 닫아 벌레를 가두듯, 민지는 문제의 핵심을 향해 빠르게 돌진하여 해결하려 했다. 그녀의 끈끈함은 강렬했고, 때로는 공격적으로 느껴지기도 했다.

지훈의 사냥 방식은 '분석'이었다. 그는 감정보다는 논리와 데이터를 우선시했다. 문제가 발생하면 상황을 객관적으로 분석하고 가장 효율적인 해결책을 찾으려 했다. 마치 네펜데스가 끈끈한 액체가 담긴 주머니로 벌레를 유인하고 빠뜨리듯, 지훈은 논리적인 틀 안에 상황을 가두고 분석하여 해결하려 했다. 그의 끈끈함은 차갑고 계산적이었으며, 감정적인 교류를 배제했다.

예은의 사냥 방식은 '회피' 또는 '전환'이었다. 그녀는 불편하거나 어려운 상황을 마주하면 재빨리 화제를 돌리거나 농담으로 분위기를 바꾸려 했다. 문제가 심각해지면 아예 그 상황에서 벗어나 다른 즐거움을 찾으려 했다. 마치 끈끈이주걱이 너무 큰 벌레나 이물질이 닿으면 잎을 오므리지 않고 그대로 두어 끈끈함만 낭비하는 것처럼, 예은은 감당하기 어려운 관계의 문제에 대해선 끈끈함을 사용하려 하지 않았다. 그녀의 끈끈함은 가볍고 일시적이었다.

서연의 사냥 방식은 '침묵' 또는 '공감'이었다. 그녀는 갈등 상황에서 자신의 의견을 적극적으로 내세우기보다는 조용히 상대방의 이야기를 들어주고 공감하려 했다. 직접적인 해결책을 제시하기보다는 감정적인 지지를 보내는 방식이었다. 마치 벌레가 끈끈이주걱 잎에 붙잡혔을 때, 주변의 다른 잎들이 조용히 그 모습을 지켜보거나 미약하게나마 움직이는 것처럼, 서연은 갈등의 중심에서 한 발짝 물러나 조용히 상황을 지켜보거나 감정적으로 반응했다. 그녀의 끈끈함은 부드럽고 섬세했지만, 때로는 너무 수동적으로 느껴졌다.

그리고 나의 사냥 방식은 '관찰'과 '조율'이었다. 나는 갈등 상황에서 직접적으로 나서기보다는 한 발짝 물러나 친구들의 반응과 감정을 관찰했다. 그리고 그들 사이에서 의견을 조율하고 분위기를 부드럽게 만들려 애썼다. 하지만 나의 목소리는 쉽게 묻혔고, 나의 조율 시도는 종종 실패했다. 나는 마치 끈끈이주걱 화분 옆에서 다른 식충식물들의 사냥 방식을 관찰하는 사람처럼, 관계의 복잡성을 이해하려 했지만 정작 나 자신의 방식으로 문제를 해결하는 데는 서툴렀다. 나의 끈끈함은 약하고 불분명했다.

이러한 서로 다른 사냥 방식은 우리가 함께 겪는 문제 상황에서 여실히 드러났다. 예를 들어, 학교 축제 때 우리 반 부스를 운영하며 발생한 수익 분배 문제였다.

"야, 수익금 똑같이 나누는 게 당연한 거 아니야? 우리가 다

같이 고생했잖아!" 민지가 주장했다. 그녀의 사냥 방식은 '공정함'이라는 목표를 향한 돌진이었다.

"아니, 각자 기여한 시간과 노력에 비례해서 분배하는 게 합리적이지. 누가 얼마나 오래 부스에 있었고, 얼마나 많은 손님을 유치했는지 데이터로 계산해야 해." 지훈이 반박했다. 그의 사냥 방식은 '효율성과 합리성'에 기반한 분석이었다.

"아, 복잡하게 생각하지 말고 그냥 남은 돈으로 맛있는 거 사 먹자! 그게 제일 재밌잖아!" 예은이 끼어들었다. 그녀의 사냥 방식은 '문제 회피 및 즐거움 전환'이었다.

"나는... 너희 의견 다 이해가 가는데... 어떻게 하는 게 좋을까...?" 서연이 조심스럽게 말했다. 그녀의 사냥 방식은 '조용한 공감과 망설임'이었다.

나는 그들 사이에서 어찌할 바를 몰랐다. 민지의 뜨거운 주장, 지훈의 차가운 계산, 예은의 가벼운 회피, 서연의 조용한 망설임. 이 모든 서로 다른 사냥 방식들이 부딪히며 끈끈한 공기를 만들어냈다. 나는 그들 사이에서 의견을 조율하려 했지만, 나의 목소리는 너무 작았다. "음... 다들 맞는 말인데... 그럼 일단 다 같이 이야기해보자..." 나의 조율 시도는 그들의 강한 주장에 쉽게 묻혔다.

결국 우리는 한참의 논쟁 끝에 지훈의 제안대로 기여도에 따라 분배하기로 했지만, 그 과정에서 서로에게 상처를 주고받았다. 민지는 지훈이 너무 인정 없다고 비난했고, 지훈은 민지가 비합리적이라고 말했다. 예은은 끝까지 시큰둥한 태도를 보였고, 서연은 불편한 기색을 감추지 못했다. 나는 이 모든 상황 속에서 무력감을 느꼈다. 우리의 서로 다른 사냥 방식은 문제를 해결하기는커녕, 관계의 끈끈함을 더욱 복잡하게 얽어매는 듯했다. 마치 서로 다른 종류의 식충식물들이 같은 벌레를 잡으려다 서로의 덫에 걸려드는 것처럼.

또 다른 충돌은 친구 중 한 명이 다른 친구에 대해 뒷담화를 했을 때 일어났다. 민지는 그 사실을 알고 분노하며 뒷담화를 한 친구에게 직접적으로 따져 물었다. 그녀의 사냥 방식은 '정의를 위한 돌진'이었다. 지훈은 그런 민지를 보며 "감정적으로 대처하는 건 비효율적이야. 상황을 객관적으로 파악하고 증거를 확보한 후에 논리적으로 접근해야 해"라고 조언했다. 그의 사냥 방식은 '논리적 분석과 전략 수립'이었다. 예은은 그 이야기를 듣고는 "아, 진짜? 대박! 근데 우리 오늘 저녁 뭐 먹을지 정했어?"라며 화제를 돌렸다. 그녀의 사냥 방식은 '불편한 상황 회피'였다. 서연은 그 이야기를 듣고는 아무 말 없이 표정이 어두워졌다. 그녀의 사냥 방식은

'조용한 감정적 반응'이었다.

나는 이 상황 속에서 어떤 사냥 방식을 선택해야 할지 알 수 없었다. 민지처럼 나서서 따져 물어야 할까? 지훈처럼 논리적으로 상황을 분석해야 할까? 예은처럼 모른 척 회피해야 할까? 아니면 서연처럼 조용히 감정적으로 반응해야 할까? 나는 어떤 끈끈함을 내어야 할지 알지 못했다. 나의 사냥 방식은 너무 약해서, 이 복잡한 상황 속에서 아무것도 할 수 없는 것처럼 느껴졌다. 나는 그저 그들의 서로 다른 사냥 방식이 충돌하며 만들어내는 파편들을 맞고 있을 뿐이었다.

서로 다른 사냥 방식의 충돌은 관계의 끈끈함을 더욱 복잡하게 만들었다. 우리는 서로에게 다가가려 할수록, 서로의 방식에 부딪히고 상처 입었다. 민지의 뜨거운 끈끈함은 나의 예민함을 태웠고, 지훈의 차가운 끈끈함은 나의 감정을 얼어붙게 했으며, 예은의 가벼운 끈끈함은 나를 불안하게 만들었다. 서연의 조용한 끈끈함은 나에게 위안을 주었지만, 그녀의 침묵은 때로 나를 더 외롭게 만들기도 했다.

나는 이 모든 충돌 속에서 내가 어떤 끈끈함을 가진 존재인지, 어떤 사냥 방식으로 관계 속에서 살아남아야 할지 고민했다. 끈끈이주걱은 자신의 끈끈함으로 벌레를 잡고 스스로를 키워낸다. 그렇다면 나의 끈끈함은 무엇일까. 그리고 그 끈끈함으로 나는 어떻게 나를 키워낼 수 있을까. 서로 다른 사냥 방식의 충돌은 나에게 관계의 어려움을 절감하게 했지만, 동시에 나 자신의 방식을 찾아야 한다는 과제를 안겨주었다. 이 유리온실 안에서, 우리는 서로 다른 끈끈함을 가진 채 부딪히고 얽히며, 각자의 방식으로 살아남으려 애쓰고 있었다. 그리고 나는 그 모든 과정 속에서 나만의 사냥 방식을, 나만의 끈끈함을 찾아야만 했다.

8. 얽히고설킨 끈끈한 실타래

 서로 다른 사냥 방식의 충돌은 관계의 *끈끈함*을 더욱 복잡하게 만들었다. 마치 여러 마리의 벌레가 하나의 *끈끈이주걱* 잎에 동시에 붙잡혀 서로 발버둥 치는 것처럼, 우리의 서툰 마음들은 서로에게 엉겨 붙어 얽히고설킨 끈끈한 실타래를 만들어냈다. 한번 얽히면 풀기 어려웠고, 풀려고 애쓸수록 더욱 단단하게 조여오는 듯했다.

 학교 축제 수익 분배 문제나 조별 과제 발표 준비 과정에서 드러났던 것처럼, 우리는 각자의 방식만을 고집하며 서로를 이해하려 하지 않았다. 민지는 자신의 솔직함과 정의감을 앞세워 강하게 밀어붙였고, 지훈은 논리와 합리성이라는 칼날로 감정적인 부분들을 잘라냈다. 예은은 불편한 상황 자체를 외면하며 가벼움으로 도망쳤고, 서연은 조용한 침묵으로 자신의 세계에 숨어들었다. 그리고 나는 그들 사이에서 어떻게 해야 할지 몰라 우왕좌왕했다.

이러한 충돌은 단순히 그 순간의 갈등으로 끝나지 않았다. 서로에게 던져진 날카로운 말들, 이해받지 못한 서운함, 쌓여가는 오해들은 끈끈한 실처럼 우리 관계 곳곳에 달라붙었다. 민지는 지훈이 너무 차갑다고 불평했고, 지훈은 민지가 비합리적이라고 비판했다. 예은은 진지한 이야기를 싫어하는 친구들에게 지루함을 느꼈고, 서연은 자신의 마음을 알아주지 않는 친구들에게 서운함을 느꼈다. 그리고 나는 이 모든 감정의 실타래 속에서 길을 잃었다.

가장 나를 힘들게 한 것은 '기대'와 '실망'이라는 끈끈한 실이었다. 나는 친구들에게 이해받고 인정받고 싶다는 기대를 가지고 있었다. 나의 조용함이 사려 깊음으로, 나의 예민함이 섬세함으로 받아들여지기를 바랐다. 하지만 현실은 달랐다. 예은은 나를 '재미없는 애'로, 민지는 '답답한 애'로, 지훈은 '비효율적인 애'로 규정하는 듯했다. 그들의 무심한 평가와 조언은 나의 기대에 대한 실망으로 이어졌고, 그 실망감은 끈끈하게 마음에 달라붙어 떨어지지 않았다.

반대로 친구들 역시 나에게 기대를 가지고 있었다. 민지는 내가 더 적극적으로 나서주기를 바랐고, 지훈은 내가 더 논리적으로 생각하기를 원했으며, 예은은 내가 그들의 유머에 더 크게 반응하기를 기대했다. 하지만 나는 그들의 기대에 부응하지 못했다. 나의 서툰 반응, 나의 망설임, 나의 침묵은 그들에게 실망감을 안겨주었을 것이다. 그들의 실망감은 다시 나에게 죄책감과 불안감이라는 끈끈한 실이 되어 돌아왔다. 나는 그들의 기대와 나의 현실 사이에서 얽히고설킨 채 발버둥 쳤다.

관계의 끈끈한 실타래는 점점 더 복잡해졌다. 누가 누구에게 서운해하고 있는지, 누가 누구에게 실망했는지, 누가 누구에게 어떤 기대를 하고 있는지. 겉으로 드러나지 않는 감정의 흐름은 마치 끈끈이주걱 잎 아래 숨겨진 뿌리처럼 복잡하게 얽혀 있었다. 우리는 함께 웃고 이야기했지만, 그 웃음과 이야기 뒤에는 서로에게 얽힌 끈끈한 실들이 존재했다. 그 실들은 우리를 연결해주기도 했지만, 동시에 우리를 자유롭지 못하게 만들었다.

특히 나에게는 서연과의 관계도 복잡한 끈끈함이었다. 서연은 나를 이해해주는 유일한 친구 같았지만, 그녀 역시 자신의 감정을 잘 드러내지 않았다. 그녀의 조용한 끈끈함은 나에게 위안을 주었지만, 때로는 그녀의 침묵 속에서 그녀의 진짜 마음을 알 수 없어 답답함을 느꼈다. 그녀는 나에게 기대하는 것이 없는 듯 보였지만, 어쩌면 그녀만의 방식으로 나에게 기대하는 것이 있을지도 모른다는 생각에 불안해지기도 했다. 그녀의 끈끈함은 너무 부드러워서, 그 실체가 무엇인지 파악하기 어려웠다.

우리는 모두 이 얽히고설킨 끈끈한 실타래 속에서 벗어나려 애썼다. 민지는 더 강하게 자신의 주장을 관철시키려 했고, 지훈은 더 논리적인 해결책을 찾으려 했으며, 예은은 아예 이 상황 자체를 외면하려 했다. 서연은 조용히 그 실타래 속에서 길을 찾으려 애쓰는 듯 보였다. 그리고 나는, 이 모든 끈끈한 실들에 얽혀 움직일 수 없는 작은 벌레처럼 느껴졌다. 발버둥 칠수록 실타래는 더욱 단단하게 나를 조여왔다. 관계의 끈끈함은 더 이상 달콤한 이슬이 아니었다. 그것은 나를 꼼짝 못하게 만드는 덫이었고, 나를 질식시킬지도 모른다는 불안감을 안겨주었다.

이 얽히고설킨 끈끈한 실타래 속에서 나는 나만의 공간, 나만의 온도를 잃어버리는 듯했다. 친구들의 기대와 감정, 그리고 그들의 방식에 휘둘리며 나는 점점 더 내가 누구인지 알 수 없게 되었다. 관계의 끈끈함은 나를 '우리'라는 틀 안에 가두려 했고, 그 틀 안에서 나는 나만의 색깔을 잃어가는 듯했다. 마치 끈끈이주걱 잎에 붙잡힌 벌레가 서서히 소화되어 식물의 일부가 되는 것처럼. 나는 이 관계 속에서 나 자신을 잃어버릴까 봐 두려웠다. 얽히고설킨 끈끈한 실타래는 나에게 관계의 복잡성과 위험성을 여실히 보여주었다.

9. 벗어나고 싶은 마음의 저항

얽히고설킨 끈끈한 실타래 속에서 나는 점점 더 답답함을 느꼈다. 관계의 끈끈함은 나를 옭아맸고, 나는 그 속에서 벗어나고 싶은 강한 충동을 느꼈다. 함께 있고 싶다는 마음만큼이나, 혼자만의 공간으로 도망치고 싶다는 마음이 커졌다. 그것은 끈끈함에 대한 나의 서툰 저항이었다.

가장 먼저 나타난 저항은 '침묵'이었다. 친구들이 시끄럽게 떠들거나 서로 부딪힐 때, 나는 의도적으로 입을 다물었다. 대화에 끼어들지 않고, 나의 감정을 드러내지 않았다. 나의 침묵은 그들에게는 답답함이나 무관심으로 비춰졌을지 모르지만, 나에게는 끈끈한 실타래로부터 나를 보호하는 방패였다. 말을 하지 않으면 상처받을 일도, 상처 줄 일도 없다고 생각했다. 나의 침묵은 끈끈이주걱 잎에 맺힌 이슬방울을 건드리지 않으려는 벌레의 조심스러운 움직임 같았다.

때로는 '회피'라는 방식으로 저항했다. 친구들과 함께 있는 시간이 불편해지거나 갈등이 심해질 것 같으면, 나는 슬며시 그 자리를 피했다. 화장실에 가거나, 책을 보거나, 스마트폰을 만지는 척하며 대화에서 벗어났다. 그들의 끈끈한 실타래가 나를 더 깊이 옭아매기 전에, 재빨리 그 범위에서 벗어나고 싶었다. 예은이 불편한 상황을 회피하는 것과는 조금 달랐다. 예은은 다른 즐거움으로 주의를 돌렸지만, 나는 그저 혼자만의 공간으로 숨어들고 싶었다.

나의 벗어나고 싶은 마음은 '혼자만의 시간'에 대한 강한 갈망으로 이어졌다. 학교가 끝나면 곧장 집으로 달려가 방에 틀어박히고 싶었고, 주말에는 친구들과의 약속보다는 혼자 책을 읽거나 끈끈이주걱을 돌보는 시간을 더 소중하게 여겼다. 혼자 있을 때 나는 비로소 관계의 끈끈함으로부터 자유로워지는 듯했다. 다른 온도의 영향을 받지 않고, 나만의 속도로 숨 쉬고 생각할 수 있었다. 혼자라는 섬은 때로는 외로웠지만, 관계의 끈끈한 실타래 속에서 발버둥 치는 것보다는 훨씬 안전하고 편안하게 느껴졌다.

하지만 나의 이러한 저항은 친구들에게는 또 다른 오해와 서운함을 안겨주었다. 민지는 내가 자신들을 피한다고 생각했고, 예은은 내가 재미없다고 투덜거렸으며, 지훈은 나의 비효율적인 태도를 이해하지 못했다. 서연만이 나의 조용한 모습을 이해해주는 듯했지만, 그녀 역시 나의 속마음을 완전히 알지는 못했을 것이다. 나의 벗어나고 싶은 마음은 관계의 끈끈함을 약화시켰고, 그것은 다시금 나를 외로운 섬으로 밀어내는 결과를 낳았다. 끈끈함으로부터 벗어나려 할수록, 나는 관계의 중심에서 멀어져 외로움이라는 또 다른 끈끈함에 갇히는 역설적인 상황에 놓였다.

나는 끈끈이주걱 잎에 붙잡힌 벌레를 생각했다. 그 벌레는 살기 위해 필사적으로 발버둥 치며 끈끈함으로부터 벗어나려 한다. 하지만 발버둥 칠수록 끈끈함은 더욱 강해지고, 결국에는 완전히 갇혀버린다. 나의 벗어나고 싶은 마음의 저항도 마찬가지 아닐까. 관계의 끈끈함으로부터 벗어나려 할수록, 오히려 그 끈끈함은 나를 더 강하게 옭아매거나, 혹은 나를 관계 밖으로 완전히 밀어내 버리는 것은 아닐까.

나는 관계의 끈끈함 속에서 살아남는 법을 알지 못했다. 벗어나려 할수록 더 깊이 얽히거나, 아니면 완전히 끊어져 버릴 위험에 처했다. 하지만 그렇다고 해서 그 *끈끈함*에 순응하고 나 자신을 잃어버리고 싶지도 않았다. 나의 벗어나고 싶은 마음의 저항은 관계의 덫에 걸린 나 자신이 살기 위해 벌이는 필사적인 몸부림이었다. 그것은 서툴고 불안했지만, 나만의 온도를 지키고 나만의 방식으로 숨 쉬고 싶다는 간절한 바람의 표현이었다. 이 유리온실 안에서, 나는 *끈끈한* 실타래와 벗어나고 싶은 마음 사이에서 위태로운 줄타기를 계속하고 있었다. 관계의 *끈끈함*은 나를 아프게 했지만, 그 아픔 속에서 나는 나 자신을 지키려는 나의 *끈끈한* 의지를 발견하였다.

4부

10. 함께 있지만 혼자인 순간

 이 유리온실 안에서, 우리는 늘 함께 있었다. 점심시간에도, 쉬는 시간에도, 방과 후에도. 다섯 개의 다른 온도가 한 공간에 모여 서로 부딪히고 섞이며 시간을 보냈다. 겉으로 보기에는 우리는 꽤 친밀한 친구들 무리였다. 함께 웃고, 떠들고, 서로를 놀리기도 하고, 때로는 진지한 이야기를 나누기도 했다. 하지만 이상하게도, 나는 그들과 함께 있는 순간에도 종종 깊은 외로움을 느꼈다. 마치 투명한 유리벽으로 둘러싸인 나만의 섬에 홀로 서 있는 듯한 기분이었다. 함께 있지만 혼자인 순간들.

그날도 우리는 학교 앞 분식집에 모여 떡볶이를 먹고 있었다. 매콤달콤한 냄새와 친구들의 재잘거리는 목소리가 뒤섞여 활기찬 분위기를 만들었다. 예은은 연예인 가십거리를 이야기하며 신나했고, 민지는 학교 선생님에 대한 불만을 토로하며 열을 올렸다. 지훈은 묵묵히 떡볶이를 먹으면서도 우리의 대화에 간간이 끼어들어 팩트를 체크하거나 현실적인 조언을 던졌다. 서연은 조용히 떡볶이를 먹으며 우리의 이야기를 듣고 있었다. 나는 그들의 대화에 자연스럽게 끼어들지 못했다. 그들의 이야기는 나에게는 낯선 세계의 이야기처럼 느껴질 때가 많았다. 연예인이나 게임, 유행하는 옷 같은 것들. 나는 그저 그들의 대화 속에서 겉돌고 있었다.

그때 예은이 나에게 물었다.

"야, 너는 왜 아무 말이 없어? 떡볶이 맛없어?"

"아니, 맛있어." 나는 급히 대답하며 떡볶이를 입에 넣었다.

"근데 왜 말이 없어? 재미없게. 우리 이야기 재미없어?" 예은은 살짝 서운한 표정을 지었다.

"아니, 재밌어. 그냥... 듣고 있었어." 나는 더듬거리며 말했다.

민지가 거들었다. "얘가 원래 좀 그래. 조용하잖아."

지훈은 떡볶이를 씹으며 말했다. "대화에 적극적으로 참여하지 않으면 소외감을 느낄 가능성이 높아져. 효율적인 의사소통 방식이 아니야."

그들의 말은 나를 향한 관심이었겠지만, 나에게는 내가 '정상적이지 않다'는 평가처럼 들렸다. 나는 그들과 함께 웃고 싶었고, 그들의 이야기에 공감하고 싶었다. 하지만 나의 내면은 그들의 활기찬 대화 속도와는 다른 리듬으로 움직이고 있었다. 나는 말을 하기 전에 여러 번 생각했고, 나의 감정을 표현하는 데 서툴렀다. 그들의 대화는 마치 빠르게 흐르는 강물 같았고, 나는 그 강물에 발을 담그지 못하고 강가에 서 있는 사람 같았다. 함께 있지만, 그 흐름에 동참하지 못하고 혼자 떨어져 있는 듯한 기분. 그것이 바로 '함께 있지만 혼자인 순간'이었다.

서연은 내가 불편해하는 것을 눈치챈 듯, 조용히 떡볶이를 내 쪽으로 밀어주었다. 그녀는 아무 말도 하지 않았지만, 그 작은 행동은 나에게 '네 모습 그대로 괜찮아'라고 말하는 듯했다. 서연의 조용한 공감은 나에게 작은 위로가 되었지만, 그녀 역시 자신의 세계에 갇혀 있는 듯 보일 때가 많았다. 우리는 서로의 외로움을 어렴풋이 느끼고 있었지만, 그 외로움을 완전히 공유하지는 못했다. 우리는 함께 있는 두 개의 섬 같았다. 서로를 바라보고 있지만, 건너갈 수 없는 바다에 의해 분리된.

관계가 깊어질수록, 이 '혼자임'은 더욱 선명하게 느껴졌다. 우리는 서로의 비밀을 공유하고, 약점을 털어놓았다. 민지는 가정 문제로 힘들어하는 속마음을 이야기했고, 지훈은 미래에 대한 불안감을 토로했으며, 예은은 자신의 감정 기복 때문에 힘들어했다. 서연은 친구들과의 관계에서 겪는 어려움을 이야기했다. 나는 그들의 이야기를 들어주며 공감하려 노력했다. 그들의 아픔에 귀 기울이는 것은 분명 의미 있는 일이었다.

하지만 그들의 이야기를 들으면서도, 나는 나의 가장 깊은 불안과 외로움을 완전히 털어놓지 못했다. 나의 끈끈이주걱에 대한 애정, 관계의 끈끈함에 대한 나의 두려움, 내가 누구인지 모르겠다는 혼란스러움. 이러한 나의 내면 깊숙한 이야기들은 그들에게는 이해받기 어려운, 혹은 너무 무거운 이야기일 것 같았다. 나는 그들의 아픔에 공감했지만, 나의 아픔은 그들에게 닿지 않는 것처럼 느껴졌다. 우리는 서로의 상처를 나누었지만, 나의 상처는 여전히 나만의 것이었다. 함께 있지만, 가장 깊은 곳에서는 혼자인 느낌.

끈끈이주걱은 스스로 벌레를 잡고 소화하며 영양분을 얻는다. 그 과정은 철저히 혼자 이루어진다. 관계 속에서 나도 마찬가지였다. 친구들과 함께 있지만, 관계에서 오는 상처나 어려움을 소화하고 나를 키워내는 과정은 결국 나 혼자 감당해야 하는 몫이었다. 그들의 말과 행동에 상처받고, 그들의 기대에 불안해하고, 그들의 방식에 혼란스러워하는 이 모든 과정은 나만의 내면에서 일어나는 일이었다. 함께 있지만, 이 모든 감정의 소용돌이 속에서는 철저히 혼자였다.

교실이라는 유리온실 안에서, 우리는 함께 숨 쉬고 함께 시간을 보냈다. 하지만 그 투명한 벽 안에서 나는 나만의 섬에 고립되어 있었다. 친구들의 웃음소리 속에서도, 그들의 대화 속에서도, 그들의 존재 속에서도 나는 혼자였다. 함께 있지만 혼자인 순간들. 그것은 관계의 끈끈함이 깊어질수록 더욱 선명해지는 나의 고독이었다.

11. 사춘기의 불안과 그림자

　함께 있지만 혼자인 순간들이 잦아질수록, 나의 내면에는 사춘기 특유의 불안과 어두운 그림자들이 더욱 짙게 드리워졌다. 십 대 후반이라는 시기는 마치 안개 낀 숲길을 걷는 것 같았다. 어디로 가야 할지 알 수 없고, 발밑에는 예상치 못한 함정이 도사리고 있을 것 같은 막연한 두려움. 미래에 대한 불안, 내가 무엇을 잘하는지, 무엇을 하고 싶은지 알 수 없다는 막막함, 세상의 기준에 맞춰 살 수 있을지에 대한 걱정. 이러한 불안들은 끈끈한 안개처럼 나를 감쌌고, 나의 시야를 흐릿하게 만들었다.

이러한 사춘기의 불안은 관계 속에서의 어려움과 맞물려 더욱 나를 힘들게 했다. 내가 누구인지 모르겠다는 혼란스러움은 친구들 사이에서 나의 자리를 찾기 어렵게 만들었다. 그들의 뚜렷한 개성과 목표 앞에서 나는 더욱 왜소해지는 느낌이었다. 민지의 확신에 찬 목소리, 지훈의 명확한 계획, 예은의 거침없는 표현, 서연의 확고한 내면세계. 그들은 각자의 색깔을 가지고 있었지만, 나는 아직 나의 색깔을 찾지 못한 채 흐릿한 그림자처럼 느껴졌다.

  관계에서 오는 상처와 실망은 나의 불안감을 더욱 증폭시켰다. 친구들의 무심한 말 한마디, 기대에 미치지 못하는 나 자신에 대한 실망감, 관계가 깨질지도 모른다는 두려움. 이러한 경험들은 '나는 사랑받을 만한 존재인가', '나는 이 관계에 어울리는 사람인가'와 같은 근원적인 불안으로 이어졌다. 마치 끈끈이주걱 잎에 붙잡힌 벌레가 자신의 존재 이유를 잃고 끈끈함에 잠식당하는 것처럼, 관계의 어려움은 나의 자존감을 갉아먹고 나를 불안의 끈끈함 속에 가두는 듯했다.

  사춘기의 불안은 또한 나를 어두운 그림자 속으로 숨게 만들었다. 나의 약점을 드러내고 싶지 않았고, 나의 불안한 모습을 들키고 싶지 않았다. 그래서 나는 더욱 침묵했고, 나의 진심을 숨겼다. 나의 내면 깊숙한 곳에 자리 잡은 불안과 외로움은 아무에게도 보여주고 싶지 않은 어두운 그림자였다. 그 그림자는 나를 끈끈하게 따라다니며, 관계 속에서 나를 더욱 위축되게 만들었다. 친구들이 나에게 다가오려 할 때마다, 나는 이 그림자를 숨기기 위해 뒷걸음질 쳤다. 나의 끈끈함은 타인을 유인하는 이슬이 아니라, 나 자신을 감추는 어두운 그림자처럼 느껴졌다.

미래에 대한 막연한 불안감은 친구들의 진로 이야기가 나올 때마다 나를 짓눌렀다. 민지처럼 확실한 꿈도, 지훈처럼 구체적인 계획도, 예은처럼 자유로운 상상력도, 서연처럼 확고한 가치관도 없는 나는 내가 앞으로 어떻게 살아가야 할지 알 수 없었다. 친구들의 이야기는 나에게 자극이 되기보다는, 나의 불안감을 확인시켜주는 거울 같았다. 나는 그들처럼 되지 못할 것이라는 두려움에 사로잡혔다.

이러한 사춘기의 불안과 그림자들은 교실이라는 유리온실 안의 공기를 더욱 무겁게 만들었다. 투명한 벽 너머로 보이는 세상은 너무나 넓고 복잡해 보였고, 나는 그 세상 속에서 나의 자리를 찾을 수 있을지 자신이 없었다. 관계의 어려움은 이러한 불안감을 더욱 심화시켰다. 나는 친구들과의 관계 속에서 안정감을 찾으려 했지만, 오히려 그 관계 속에서 나의 불안과 외로움이 더욱 도드라지는 것을 느꼈다.

끈끈이주걱은 햇빛과 물, 그리고 벌레를 통해 자란다. 하지만 너무 강한 햇빛은 잎을 태우고, 너무 많은 물은 뿌리를 썩게 하며, 너무 큰 벌레는 잎을 손상시킨다. 사춘기의 불안과 그림자들은 나에게 이러한 '너무 강한 햇빛'이나 '너무 많은 물'처럼 느껴졌다. 관계라는 환경 속에서 내가 자라나는 데 필요한 자양분(이해, 공감, 소속감)을 얻기보다는, 나를 해치고 성장을 방해하는 요소들처럼 느껴졌다.

나는 이 불안과 그림자 속에서 나만의 방식으로 살아남는 법을 배워야만 했다. 그것은 쉽지 않은 과정이었다. 때로는 모든 것을 포기하고 싶을 때도 있었고, 때로는 이 유리온실 밖으로 도망치고 싶을 때도 있었다. 하지만 동시에, 이 불안과 그림자 속에서 나는 나 자신의 가장 솔직하고 연약한 모습을 마주할 수 있었다. 그것은 아프지만, 나를 이해하는 데 필요한 과정일지도 몰랐다. 사춘기의 불안과 그림자들은 나를 끈끈하게 감쌌지만, 그 끈끈함 속에서 나는 나만의 온도를, 나만의 색깔을 찾아야만 했다. 이 유리온실 안에서, 나는 불안과 외로움이라는 끈끈한 그림자 속에서 나를 키워내려 애쓰고 있었다.

12. 아무에게도 닿지 않는 끈끈함

 교실에서, 나는 함께 있지만 혼자인 순간들을 자주 마주했다. 사춘기의 불안과 어두운 그림자들은 나의 내면을 끈끈하게 감쌌고, 나는 그 그림자 속에서 나만의 섬에 고립되어 있었다. 가장 힘든 것은, 그 섬에서 벗어나 친구들에게 다가가려 할 때, 나의 진심이나 어려움이 아무에게도 닿지 않는다는 사실이었다. 마치 끈끈이주걱이 끈끈한 이슬을 내어 벌레를 유인하지만, 그 이슬이 바람에 날려 엉뚱한 곳에 떨어지거나 너무 약해서 아무것도 붙잡지 못하는 것처럼. 나의 끈끈함은 아무에게도 닿지 않았다.

나는 친구들에게 나의 세계를 조금이나마 보여주고 싶을 때가 있었다. 내가 왜 식충식물에 그토록 매료되었는지, 끈끈이주걱을 보며 관계에 대해 어떤 생각들을 하는지 이야기하고 싶었다. 그것은 나에게는 아주 중요하고 깊은 이야기였다.

어느 날, 친구들과 함께 하교하는 길에 나는 용기를 내어 말했다. "있잖아... 내가 끈끈이주걱을 좋아하는 이유가... 뭔가 사람 관계랑 닮은 것 같아서 그래."

예은은 스마트폰을 보며 걷다가 고개를 들었다. "응? 사람 관계랑? 뭐가?" 그녀는 호기심 어린 표정이었지만, 그 호기심은 금세 다른 곳으로 향할 준비가 되어 있는 듯했다.

"그... 끈끈이주걱 잎에 맺힌 이슬이 예쁘잖아. 근데 그게 벌레를 잡는 덫이고... 사람 관계도 겉으로는 좋아 보이고 달콤한데, 사실은 서로에게 상처를 주거나 얽매이게 하는 끈끈함이 있는 것 같아서..." 나는 더듬거리며 나의 생각을 이야기했다. 나의 내면 깊숙한 곳에 있던 끈끈한 감정들을 조심스럽게 꺼내놓았다.

민지는 내 말을 듣더니 고개를 갸웃거렸다. "음... 좀 어렵다. 네가 너무 복잡하게 생각하는 거 아니야? 그냥 좋으면 좋은 거고, 싫으면 싫은 거지. 관계가 뭐 그렇게 복잡해?" 민지의 뜨거운 솔직함은 나의 복잡한 생각을 단순하게 잘라냈다. 그녀에게 관계는 명확한 감정의 영역이었고, 나의 비유는 이해하기 어려운 것이었다. 나의 끈끈함은 그녀의 단순하고 뜨거운 온도에는 닿지 못하고 증발해 버리는 것 같았다.

지훈은 내 말을 듣고 잠시 생각하더니 말했다. "관계의 복잡성을 식물의 생태에 비유하는 것은 흥미로운 시도지만, 인간 관계는 훨씬 더 다양한 변수와 상호작용으로 이루어져 있어. 식충식물의 생존 방식만으로는 인간 관계의 모든 측면을 설명하기 어렵지. 비유의 한계가 명확해." 그의 차가운 논리는 나의 감성적인 비유를 분석하고 평가했다. 그는 나의 진심을 이해하려 하기보다, 나의 비유의 논리적인 타당성만을 따졌다. 나의 끈끈함은 그의 건조한 논리에는 달라붙지 못하고 미끄러져 내렸다.

예은은 이미 다른 화제로 넘어갔다. "아, 맞다! 오늘 저녁에 뭐 먹을지 정했어? 나 완전 배고파 죽겠어!" 그녀의 변덕스러운 온도는 나의 진지한 이야기를 견디지 못하고 다른 곳으로 향했다. 나의 끈끈함은 그녀의 가벼운 관심에는 너무 무거웠다.

서연은 내가 이야기하는 동안 조용히 나를 바라보았다. 그녀는 아무 말도 하지 않았지만, 그녀의 눈빛 속에는 내가 무슨 말을 하려는지 이해하려는 노력이 담겨 있는 듯했다. 그녀는 나의 끈끈함을 느끼려 애쓰는 것 같았다. 하지만 그녀 역시 말로 표현하지 않았고, 나는 그녀가 나의 이야기를 완전히 이해했는지 알 수 없었다. 그녀의 조용한 끈끈함은 나에게 닿았지만, 나의 끈끈함은 그녀에게 완전히 전달되지 못한 채 공중에 흩어지는 것 같았다.

나의 진심은 아무에게도 제대로 닿지 않았다. 나는 나의 내면 깊숙한 곳에 있는 생각과 감정들을 조심스럽게 꺼내놓았지만, 친구들은 그것을 이해하지 못하거나, 평가하거나, 혹은 외면했다. 그 순간 나는 깊은 좌절감을 느꼈다. 마치 끈끈이주걱이 어렵게 맺은 이슬방울이 아무런 벌레도 유인하지 못하고 그저 허공에 반짝이기만 하는 것처럼. 나의 끈끈함은 아무런 의미도 갖지 못하는 것처럼 느껴졌다.

또 다른 날, 나는 내가 느끼는 막연한 불안감과 미래에 대한 두려움에 대해 이야기하고 싶었다. 친구들이 각자의 꿈과 계획을 이야기할 때, 나는 내가 얼마나 길을 잃고 헤매고 있는지 털어놓고 싶었다.

"요즘... 내가 뭘 하고 싶은지 진짜 모르겠어. 다들 꿈이 있고 계획이 있는데, 나는 아무것도 없어. 그냥... 불안해." 나는 용기를 내어 말했다. 나의 사춘기라는 어두운 그림자를 조금이나마 친구들에게 보여주고 싶었다.

민지는 나를 보며 말했다. "야, 괜찮아! 네 나이 때는 다 그래! 너무 걱정하지 마! 그냥 네가 하고 싶은 거 하나씩 해보면 되지!" 그녀는 나를 격려하려 했지만, 그녀의 말은 나의 깊은 불안감을 가볍게 여기는 것처럼 들렸다. 그녀의 뜨거운 격려는 나의 차가운 불안에는 닿지 못했다.

지훈은 말했다. "불안감을 느끼는 것은 비효율적이야. 불안해할 시간에 네가 흥미를 느끼는 분야를 탐색하고 정보를 수집하는 게 훨씬 생산적이지. 목표를 설정하고 단계별로 접근하면 불안감은 줄어들 거야." 그의 논리적인 조언은 나의 감정적인 어려움에는 아무런 도움이 되지 않았다. 나의 끈끈함은 그의 단단한 논리에는 붙지 못했다.

예은은 하품을 하며 말했다. "아, 나도 가끔 불안할 때 있어! 근데 뭐 어쩌겠어! 그냥 재밌는 거 생각하면서 잊어버리는 거지!" 그녀는 자신의 방식으로 불안을 회피했지만, 나의 불안감을 이해하려 하지 않았다. 나의 끈끈함은 그녀의 가벼운 회피에는 닿지 못했다.

서연은 조용히 나의 이야기를 들었다. 그리고는 작게 말했다. "나도... 가끔 그래. 네 마음 이해해." 그녀의 조용한 공감은 나에게 작은 위로가 되었지만, 그것만으로는 나의 깊은 불안감을 해소하기에는 부족했다. 그녀의 끈끈함은 나에게 닿았지만, 나의 불안감이라는 끈끈함은 그녀에게 완전히 전달되지 못한 채 나에게만 남았다.

나의 진심과 어려움은 아무에게도 제대로 닿지 않았다. 나는 나의 끈끈함을 내밀었지만, 친구들은 그것을 받아들이지 못하거나, 다른 것으로 착각하거나, 혹은 외면했다. 그 순간 나는 깊은 고독을 느꼈다. 함께 있지만, 나의 가장 중요한 부분은 아무에게도 연결되지 못한 채 혼자 떨어져 있는 느낌. 나의 끈끈함은 아무에게도 닿지 않는, 나만의 외로운 이슬방울이었다.

이러한 좌절감은 나를 더욱 침묵하게 만들었다. 나의 끈끈함을 내밀어봤자 아무 소용이 없다는 생각에, 나는 점점 더 나의 내면을 숨기게 되었다. 관계의 끈끈함은 나를 옭아맸지만, 정작 나의 끈끈함은 아무에게도 닿지 않았다. 이 역설적인 상황은 나를 더욱 외로운 섬으로 밀어냈다. 교실이라는 유리온실 안에서, 나는 투명한 벽에 둘러싸인 채 아무에게도 닿지 않는 나만의 끈끈함을 품고 홀로 서 있었다. 그것은 관계 속에서 겪는 가장 깊은 고독이었다. 나의 끈끈함은 나를 지키는 방패가 되지 못했고, 타인과 연결하는 다리가 되지도 못했다. 그저 나만의 내면에 맺혀, 아무런 의미도 갖지 못한 채 증발해 버리는 듯했다.

나를 키우는 끈끈함

5부

13. 친구들의 숨겨진 상처들

　나는 아무에게도 닿지 않는 나만의 끈끈함을 품고 혼자라는 섬에 고립되어 있었다. 관계의 끈끈한 실타래에 얽혀 발버둥 치면서도, 나의 진심은 친구들에게 닿지 않는다는 좌절감에 깊은 고독을 느꼈다. 하지만 그 고독한 섬에서 한 발짝 물러나 친구들을 바라보기 시작했을 때, 나는 그들의 겉모습 뒤에 숨겨진 또 다른 끈끈함, 즉 그들 각자의 숨겨진 상처들을 어렴풋이 느끼게 되었다.

　민지는 언제나 뜨거운 태양 같았다. 활기차고 당당하며, 자신의 감정을 거침없이 드러냈다. 불의를 보면 참지 못하고 목소리를 높였으며, 친구들을 위해서는 망설임 없이 나섰다. 그런 민지를 보며 나는 그녀에게는 어떤 상처나 불안도 없을 것이라고 생각했다. 그녀의 끈끈함은 너무 강렬해서, 어떤 약점도 달라붙지 못하고 타버릴 것 같았다. 하지만 어느 날, 민지가 집에서 부모님 문제로 힘들어하며 눈물을 보이는 모습을 우연히 보게 되었다. 늘 강하고 당당했던 그녀의 무너지는 모습은 나에게 큰 충격이었다. 그녀의 뜨거운 솔직함과 거침없는 행동은 어쩌면 자신의 내면에 있는 불안과 상처를 감추기 위한 방패였을지도 모른다는 생각이 들었다. 그녀의 강렬한 끈끈함은 외부의 공격으로부터 자신을 보호하는 동시에, 자신의 연약한 부분을 꽁꽁 싸매두는 방식이었던 것이다. 그녀의 눈물은, 그녀의 뜨거운 끈끈함 뒤에 숨겨진 차가운 상처의 이슬 같았다.

지훈은 늘 차갑고 건조한 계산기 같았다. 감정보다는 논리와 효율을 우선시했고, 모든 상황을 객관적으로 분석하려 했다. 그의 세계는 명확한 규칙과 데이터로 이루어져 있었고, 감정적인 동요는 그에게 불필요한 변수일 뿐이었다. 그런 지훈을 보며 나는 그에게는 어떤 감정적인 상처도 없을 것이라고 생각했다. 그의 끈끈함은 너무 단단해서, 어떤 감정도 스며들지 못하고 튕겨져 나갈 것 같았다. 하지만 지훈이 밤늦게까지 공부하며 미래에 대한 불안감을 토로하거나, 원하는 성적을 얻지 못했을 때 극도로 예민해지는 모습을 보면서, 나는 그의 차가운 합리성 뒤에 숨겨진 깊은 불안과 압박감을 느끼게 되었다. 그의 논리적인 분석과 효율성 추구는 어쩌면 예측 불가능한 세상과 자신의 불안정한 미래로부터 자신을 보호하기 위한 방식이었을지도 모른다. 그의 차가운 끈끈함은 외부의 혼란으로부터 자신을 격리시키는 동시에, 자신의 내면에 있는 두려움을 억누르는 방식이었던 것이다. 그의 미간에 잡힌 주름은, 그의 차가운 끈끈함 뒤에 숨겨진 뜨거운 불안의 흔적 같았다.

예은은 언제나 변덕스러운 봄바람 같았다. 밝고 명랑하며 웃음이 많았지만, 예측할 수 없는 감정의 파동을 일으켰다. 불편하거나 어려운 상황을 마주하면 재빨리 화제를 돌리거나 농담으로 분위기를 바꾸려 했다. 그녀의 가벼운 끈끈함은 관계의 깊이보다는 순간적인 즐거움을 좇는 듯 보였다. 그런 예은을 보며 나는 그녀에게는 어떤 깊은 고민이나 상처도 없을 것이라고 생각했다. 그녀의 끈끈함은 너무 가벼워서, 어떤 무거운 감정도 달라붙지 못하고 날아가 버릴 것 같았다. 하지만 예은이 갑자기 표정이 어두워지거나, 혼자 있을 때 멍하니 창밖을 바라보는 모습을 보면서, 나는 그녀의 밝고 가벼운 모습 뒤에 숨겨진 혼란스러움과 외로움을 느끼게 되었다. 그녀의 변덕스러운 감정 기복과 회피적인 태도는 어쩌면 자신의 복잡한 내면과 마주하기 두려워 선택한 방식이었을지도 모른다. 그녀의 가벼운 끈끈함은 타인과의 깊은 연결을 피하는 동시에, 자신의 내면에 있는 혼란을 외면하는 방식이었던 것이다. 그녀의 갑작스러운 침묵은, 그녀의 가벼운 끈끈함 뒤에 숨겨진 무거운 외로움의 그림자 같았다.

서연은 늘 조용하고 내성적이었다. 자신의 의견을 적극적으로 내세우기보다는 조용히 타인의 이야기를 들어주고 공감하려 했다. 그녀의 조용한 끈끈함은 부드럽고 섬세했지만, 때로는 너무 수동적으로 느껴졌다. 그런 서연을 보며 나는 그녀가 관계에서 상처를 두려워하여 스스로 보호하는 것이라고 생각했다. 하지만 서연이 친구들과의 소통 어려움 때문에 힘들어하며 눈물을 글썽이거나, 자신의 진심이 제대로 전달되지 않아 답답해하는 모습을 보면서, 나는 그녀의 조용한 모습 뒤에 숨겨진 관계에 대한 깊은 갈망과 소통의 어려움으로 인한 아픔을 느끼게 되었다. 그녀의 조용한 끈끈함은 타인에게 상처 주지 않으려는 배려인 동시에, 자신의 연약한 마음을 보호하려는 방식이었던 것이다. 그녀의 조용한 눈물은, 그녀의 부드러운 끈끈함 뒤에 숨겨진 단단한 아픔의 결정 같았다.

　나만의 섬에 고립되어 나의 외로움과 불안에만 집중했던 나는, 친구들 역시 각자의 방식으로 관계 속에서 상처받고 힘들어하고 있다는 것을 비로소 깨닫게 되었다. 그들의 겉모습, 그들의 '온도'와 '사냥 방식'은 그들이 세상을 대하는 방식인 동시에, 그들 각자의 숨겨진 상처를 보호하고 감추기 위한 끈끈한 방어막이었다. 민지의 뜨거움, 지훈의 차가움, 예은의 가벼움, 서연의 조용함. 이 모든 다른 '끈끈함'들은 단순히 성격의 차이가 아니라, 그들이 살아오면서 겪었던 아픔과 불안으로부터 자신을 지키기 위해 스스로 만들어낸 생존의 방식이었던 것이다.

　끈끈이주걱 잎에 맺힌 이슬방울이 아름답게 보이지만 사실은 덫이듯, 친구들의 겉모습 뒤에는 각자의 상처라는 이름의 이슬방울이 맺혀 있었다. 그 이슬방울은 그들의 내면에 끈끈하게 달라붙어 있었고, 때로는 그들 스스로를 옭아매기도 했다. 나는 그들의 숨겨진 상처들을 보며, 관계의 끈끈함이 단순히 나를 아프게 하는 것만이 아니라, 우리 모두가 각자의 방식으로 겪고 있는 보편적인 어려움이라는 것을 어렴풋이 이해하게 되었다. 그리고 그 이해는 나만의 섬에 갇혀 있던 나를, 다른 섬들과 연결하는 작은 다리처럼 느껴졌다.

14. 그들만의 생존 전략과 방식

친구들의 숨겨진 상처들을 어렴풋이 느끼게 되면서, 나는 그들이 관계라는 유리온실 안에서 어떻게 각자의 방식으로 '생존'하고 있는지 관찰하기 시작했다. 그들의 '사냥 방식'은 단순히 문제를 해결하는 기술이 아니라, 상처 입지 않고, 혹은 상처를 입더라도 버텨내기 위한 그들만의 '생존 전략'이었다.

민지의 생존 전략은 '정면 돌파'였다. 그녀는 문제가 발생하면 회피하거나 숨기기보다는 정면으로 부딪혔다. 자신의 감정을 솔직하게 표현하고, 상대방에게도 솔직함을 요구했다.

불의를 보면 참지 못하고 목소리를 높이는 것은, 어쩌면 세상의 부당함으로부터 자신과 주변 사람들을 지키려는 필사적인 시도였을지도 모른다. 그녀의 뜨거운 끈끈함은 외부의 위협을 태워버리는 불꽃 같았다. 상처받을 위험을 감수하고서라도, 그녀는 자신의 방식으로 관계 속에서 살아남으려 했다. 마치 파리지옥이 위험을 무릅쓰고 잎을 닫아 벌레를 잡듯, 민지는 관계의 위험 속에서도 자신의 방식으로 정면 승부를 걸었다.

지훈의 생존 전략은 '거리 두기'였다. 그는 감정적인 혼란이나 예측 불가능한 상황으로부터 거리를 두었다. 논리와 합리성이라는 단단한 틀 안에 자신을 가두고, 세상을 분석하고 계산했다. 감정적인 교류를 최소화하고 효율성을 추구하는 것은, 어쩌면 상처받기 쉬운 자신의 내면을 보호하기 위한 방식이었을지도 모른다. 그의 차가운 끈끈함은 외부의 감정적인 파도에 흔들리지 않는 견고한 방파제 같았다. 감정이라는 벌레에게 잡히지 않기 위해, 그는 스스로를 논리라는 주머니 안에 가두었다.

예은의 생존 전략은 '가벼움 유지'였다. 그녀는 깊고 진지한 관계나 어려운 문제에 얽히기보다는 가볍고 즐거운 분위기를 유지하려 했다. 불편한 상황을 마주하면 재빨리 화제를 돌리거나 농담으로 넘겼다. 그녀의 변덕스러운 감정 기복은 어쩌면 자신의 내면 깊숙한 곳에 있는 불안과 혼란을 스스로도 감당하기 어려워 나타나는 모습일지도 모른다. 그녀의 가벼운 끈끈함은 어떤 무거운 감정도 달라붙지 못하게 하는 코팅 같았다. 관계의 끈끈함에 깊이 얽히기 전에, 스스로를 가볍게 만들어 날아가 버리는 방식이었다.

서연의 생존 전략은 '조용한 공감'이었다. 그녀는 자신의 의견을 적극적으로 내세우기보다는 조용히 타인의 이야기를 들어주고 공감했다. 직접적인 갈등을 피하고 조용히 옆자리를 지키는 것은, 어쩌면 과거의 경험으로 인해 목소리를 내는 것이 어렵거나 두려워졌기 때문일지도 모른다. 그녀의 조용한 끈끈함은 타인에게 상처 주지 않으려는 배려인 동시에, 자신의 연약한 마음을 보호하는 부드러운 막 같았다. 그녀는 스스로 덫을 만들기보다는, 타인의 아픔에 조용히 공감하며 관계 속에서 버텨냈다.

그리고 나의 생존 전략은 '관찰과 회피'였다. 나는 관계의 복잡성 속에서 어떻게 움직여야 할지 알지 못해 한 발짝 물러나 친구들의 모습을 관찰했다. 갈등 상황이 불편해지면 침묵하거나 자리를 피했다. 나의 끈끈함은 너무 약해서, 다른 친구들처럼 강한 덫을 만들거나 단단한 방어막을 치지 못했다. 나는 그저 관계의 가장자리에서 맴돌며, 상처받지 않으려 애쓰는 소극적인 방식으로 살아남으려 했다. 마치 끈끈이주걱 화분 옆에서 다른 식충식물들의 사냥 방식을 관찰하는 사람처럼, 나는 관계의 생태계를 이해하려 했지만 정작 나 자신의 생존 방식은 찾지 못한 채 헤매고 있었다.

우리는 모두 교실이라는 유리온실 안에서 각자의 방식으로 살아남고 있었다. 민지는 뜨거운 불꽃으로, 지훈은 차가운 방파제로, 예은은 가벼운 코팅으로, 서연은 부드러운 막으로, 그리고 나는 약한 끈끈함과 관찰로. 우리의 서로 다른 생존 전략은 때로는 충돌을 일으켰지만, 그것은 우리가 관계 속에서 버텨내기 위해 필사적으로 선택한 방식이었다. 각자의 끈끈함은 단순히 타인을 대하는 방식이 아니라, 상처 입기 쉬운 자신을 보호하기 위한 덫이자 방어막이었던 것이다.

나는 그들의 서로 다른 생존 전략을 보며, 관계의 끈끈함이 단순히 나를 아프게 하는 덫만이 아니라, 우리 모두가 살아가기 위해 필요한 어떤 힘이라는 것을 어렴풋이 이해하게 되었다. 끈끈이주걱이 자신의 끈끈함으로 생존하듯, 우리도 각자의 끈끈함으로 관계 속에서 버텨내고 있었다. 그들의 방식은 나와 달랐지만, 그 필사적인 노력만큼은 나에게 깊은 울림을 주었다. 혼자라는 섬에 갇혀 있던 나는, 다른 섬들

역시 각자의 방식으로 거친 파도와 싸우며 버텨내고 있다는 것을 보게 되었다. 그리고 그들의 생존 방식 속에서, 나는 나 자신의 끈끈함, 나만의 생존 방식을 찾아야 한다는 희미한 가능성을 발견했다. 이 유리온실 안에서, 우리는 서로 다른 끈끈함을 가진 채 부딪히고 얽히며, 각자의 방식으로 살아남으려 애쓰고 있었다. 그리고 그 과정 속에서, 우리는 서로에게 영향을 주고받으며 조금씩 다른 형태로 변해가고 있었다.

15. 타인의 덫을 이해하려는 시도

　나의 섬에 고립되어 나 자신의 외로움과 불안에만 집중했던 시간들. 그리고 그 섬에서 벗어나 친구들의 숨겨진 상처와 그들만의 생존 전략을 어렴풋이 관찰하기 시작했을 때, 나는 비로소 그들의 '덫'처럼 느껴졌던 행동들을 다른 시각으로 바라볼 수 있게 되었다. 나를 아프게 했던 그들의 무심한 말, 차가운 논리, 변덕스러운 태도. 그것들이 단순히 나를 향한 공격이나 무시가 아니라, 그들 각자의 내면에서 비롯된 서툰 몸부림이었을지도 모른다는 생각. 나는 그들의 '덫'을 이해하려는 시도를 시작했다.

예은의 '덫'은 가벼움이었다. 그녀는 불편하거나 진지한 상황을 마주하면 재빨리 화제를 돌리거나 농담으로 넘겼다. 나의 진지한 고민이나 감정을 '풀때기 이야기'처럼 가볍게 치부했던 그녀의 무심함은 나에게 상처가 되었다. 하지만 그녀의 밝고 가벼운 모습 뒤에 숨겨진 혼란스러움과 외로움을 보았을 때, 나는 그녀의 가벼움이 어쩌면 스스로를 보호하기 위한 '덫'이었을지도 모른다고 생각했다. 깊은 감정이나 어려운 문제에 얽히면 스스로 감당하지 못할 것이라는 두려움 때문에, 아예 그런 상황 자체를 회피하려 했던 것은 아닐까. 그녀의 가벼운 끈끈함은 타인과의 깊은 연결을 막는 덫인 동시에, 자신의 연약한 내면을 보호하는 방어막이었던 것이다. 그녀는 자신의 혼란스러움이라는 벌레에게 잡히지 않기 위해, 가벼움이라는 이슬을 뿌려 스스로를 유인하고 있었던 것일지도 모른다. 그녀의 덫은 나를 아프게 했지만, 그것은 그녀가 살아가기 위해 선택한 방식이었다.

지훈의 '덫'은 차가운 논리였다. 그는 감정적인 문제에 대해 늘 논리와 합리성이라는 잣대를 들이댔다. 나의 감정적인 어려움을 '비효율적'이라고 평가했던 그의 말은 나에게 상처가 되었다. 하지만 그의 차가운 합리성 뒤에 숨겨진 깊은 불안과 압박감을 보았을 때, 나는 그의 논리가 어쩌면 예측 불가능한 세상과 자신의 불안정한 미래로부터 자신을 보호하기 위한 '덫'이었을지도 모른다고 생각했다. 감정이라는 예측 불가능한 변수에 휘둘리면 모든 것이 무너질 것이라는 두려움 때문에, 감정을 배제하고 논리라는 단단한 틀 안에 자신을 가두려 했던 것은 아닐까. 그의 차가운 끈끈함은 외부의 혼란으로부터 자신을 격리시키는 덫인 동시에, 자신의 내면에 있는 두려움을 억누르는 방어막이었던 것이다. 그는 불안감이라는 벌레에게 잡히지 않기 위해, 논리라는 단단한 주머니 안에 스스로를 가두고 있었던 것일지도 모른다. 그의 덫은 나를 아프게 했지만, 그것은 그가 살아가기 위해 필사적으로 붙잡은 방식이었다.

민지의 '덫'은 직설적인 솔직함이었다. 그녀는 자신의 감정을 숨기지 않고 거침없이 표현했고, 때로는 그 솔직함이 나에게 상처가 되었다. 나의 조용함이나 서툰 모습을 '답답하다'고 평가했던 그녀의 말은 나에게 아픔을 주었다. 하지만 그녀의 뜨거운 솔직함 뒤에 숨겨진 가정 문제로 인한 아픔과 불안을 보았을 때, 나는 그녀의 직설적인 태도가 어쩌면 세상의 부당함과 자신의 내면에 있는 불안으로부터 자신을 지키기 위한 '덫'이었을지도 모른다고 생각했다. 자신의 감정을 솔직하게 드러내고 강하게 주장하는 것은, 약해 보이는 순간

공격받을 것이라는 두려움 때문에 선택한 방식이었을지도 모른다. 그녀의 뜨거운 끈끈함은 외부의 위협을 태워버리는 덫인 동시에, 자신의 연약한 부분을 꽁꽁 싸매두는 방어막이었던 것이다. 그녀는 상처받기 쉬운 자신이라는 벌레를 보호하기 위해, 뜨거운 솔직함이라는 끈끈한 이슬을 내뿜고 있었던 것일지도 모른다. 그녀의 덫은 나를 아프게 했지만, 그것은 그녀가 세상에 맞서 싸우는 방식이었다.

서연의 '덫'은 조용한 침묵이었다. 그녀는 갈등 상황에서 자신의 의견을 적극적으로 내세우기보다는 조용히 물러섰다. 자신의 감정을 잘 드러내지 않는 그녀의 모습은 때로 나에게 답답함을 안겨주었다. 하지만 그녀의 조용한 모습 뒤에 숨겨진 관계에 대한 깊은 갈망과 소통의 어려움으로 인한 아픔을 보았을 때, 나는 그녀의 침묵이 어쩌면 타인에게 상처 주지 않으려는 배려인 동시에, 자신의 연약한 마음이 상처받을까 봐 선택한 '덫'이었을지도 모른다고 생각했다. 목소리를 내는 것이 어렵거나 두려워서, 혹은 자신의 의견이 중요하지 않다고 생각해서 스스로 침묵이라는 공간에 가두었던 것은 아닐까. 그녀의 조용한 끈끈함은 타인과의 직접적인 충돌을 피하는 덫인 동시에, 자신의 연약한 마음을 보호하는 부드러운 방어막이었던 것이다. 그녀는 관계의 아픔이라는 벌레에게 잡히지 않기 위해, 조용한 침묵이라는 끈끈함 속에 스스로를 숨기고 있었던 것일지도 모른다. 그녀의 덫은 나에게 답답함을 주었지만, 그것은 그녀가 관계 속에서 버텨내는 방식이었다.

나는 그들의 '덫'을 이해하려 노력했다. 그것이 나를 아프게 했던 행동들이었지만, 그 행동들 뒤에 숨겨진 그들 각자의 아픔과 두려움을 보았을 때, 그들의 덫은 더 이상 나를 향한 공격이 아니라 그들 스스로를 지키기 위한 필사적인 노력처럼 느껴졌다. 끈끈이주걱이 벌레를 잡기 위해 덫을 만들 듯, 그들도 관계 속에서 살아남기 위해 각자의 덫을 만들었던 것이다. 그 덫은 때로 타인을 아프게 했지만, 그것은 그들이 세상이라는 거친 환경 속에서 버텨내기 위해 필요한 생존 도구였다.

이러한 이해는 나에게 새로운 시야를 열어주었다. 관계의 끈끈함은 단순히 나를 옭아매는 덫만이 아니라, 우리 모두가 각자의 방식으로 사용하고 있는 생존의 도구라는 것. 그리고 그 도구는 때로 타인을 아프게 하지만, 동시에 자신을 보호하는 역할을 한다는 것. 나의 끈끈함이 아무에게도 닿지 않는 외로운 이슬방울처럼 느껴졌던 것은, 어쩌면 내가 나의 끈끈함을 나 자신을 보호하는 '덫'으로 제대로 사용하지 못했기 때문일지도 모른다는 생각도 들었다.

  타인의 덫을 이해하려는 시도는 나에게 관계의 복잡성을 다시 한번 느끼게 했지만, 동시에 그 복잡성 속에서 서로를 이해할 수 있는 작은 가능성을 보여주었다. 그들의 덫은 여전히 나에게 아픔을 줄 수 있지만, 이제 나는 그 아픔 뒤에 숨겨진 그들의 이야기를 어렴풋이 읽을 수 있게 되었다. 교실이라는 유리온실 안에서, 우리는 모두 각자의 끈끈한 덫을 가지고 서로에게 다가가고, 서로에게 상처 입고, 서로를 이해하려 애쓰고 있었다. 그리고 그 이해의 시도 속에서, 나는 나 자신의 끈끈함, 나만의 덫은 무엇인지 다시 한번 고민하게 되었다. 그것이 나를 키워낼 수 있는 끈끈함이 되기 위해서는, 어떤 형태를 가져야 할까.

6부

16. 왜 우리는 서로에게 덫이 될까

 타인의 덫을 이해하려는 시도는 나에게 관계의 복잡성을 다시 한번 느끼게 했지만, 동시에 풀리지 않는 질문 하나를 남겼다. 왜 우리는 서로에게 덫이 될까. 왜 우리는 서로에게 다가가려 할수록, 서로를 이해하려 노력할수록, 오히려 상처를 주고받게 되는 걸까. 끈끈이주걱이 벌레를 잡기 위해 끈끈한 이슬을 내는 것은 생존을 위한 필연적인 방식이다. 그렇다면 인간 관계에서 서로에게 덫이 되는 것 또한, 우리가 이 복잡한 세상 속에서 살아남기 위한 필연적인 과정일까.

 나는 친구들의 '덫'을 보았다. 예은의 가벼움, 지훈의 차가운 논리, 민지의 직설적인 솔직함, 서연의 조용한 침묵. 그것들은 각자의 숨겨진 상처를 보호하고 세상에 맞서는 그들만의 생존 전략이었다. 하지만 그 전략들은 종종 나에게, 혹은 다른 친구들에게 상처를 주었다. 예은의 무심한 말은 나의 예민함을 건드렸고, 지훈의 논리는 나의 감정을 무시했으며, 민지의 솔직함은 나를 위축시켰고, 서연의 침묵은 나를 외롭게 만들었다. 그들의 덫은 그들 자신을 지키는 동시에, 나에게는 아픔을 주는 끈끈함이 되었다.

왜 그럴까. 왜 자신을 지키기 위한 행동이 타인에게는 덫이 되는 걸까. 나는 끈끈이주걱을 다시 바라보았다. 끈끈이주걱의 끈끈한 이슬은 벌레에게는 달콤한 유혹이자 치명적인 덫이다. 하지만 그 이슬은 끈끈이주걱 스스로에게는 아무런 해를 끼치지 않는다. 오히려 생존에 필수적이다. 그런데 인간관계에서는 왜 그럴까. 왜 내가 나를 지키기 위해 내민 끈끈함이, 혹은 상대방이 자신을 지키기 위해 내민 끈끈함이 서로에게 상처를 주는 덫이 되는 걸까.

어쩌면 그것은 '다름' 때문일지도 모른다. 우리는 모두 다른 온도를 가지고, 다른 방식으로 세상을 느끼고, 다른 상처를 품고 살아간다. 민지의 뜨거운 온도는 차가운 것을 녹이지만, 너무 뜨거우면 연약한 것을 태워버린다. 지훈의 차가운 온도는 뜨거운 것을 식히지만, 너무 차가우면 모든 것을 얼어붙게 만든다. 예은의 변덕스러운 온도는 분위기를 바꾸지만, 예측 불가능함으로 불안감을 준다. 서연의 조용한 온도는 편안함을 주지만, 너무 조용하면 소통을 어렵게 만든다. 그리고 나의 미지근하고 예민한 온도는 다른 강한 온도들 속에서 쉽게 흔들리고 상처받는다.

우리의 '사냥 방식', 즉 관계 대처 방식도 마찬가지다. 민지의 정면 돌파는 문제를 빠르게 해결할 수 있지만, 섬세한 감정을 가진 사람에게는 공격적으로 느껴질 수 있다. 지훈의 분석적인 거리 두기는 감정적인 소모를 줄이지만, 따뜻한 공감을 원하는 사람에게는 차갑게 느껴질 수 있다. 예은의 회피는 불편함을 잠시 모면하게 하지만, 진솔한 소통을 원하는 사람에게는 무책임하게 느껴질 수 있다. 서연의 조용한 공감은 위로가 되지만, 적극적인 해결책을 원하는 사람에게는 답답하게 느껴질 수 있다.

우리는 각자 자신에게 가장 익숙하고 안전하다고 생각하는 방식으로 관계 속에서 움직인다. 그것은 과거의 경험을 통해 학습된 생존 전략일 가능성이 높다. 상처받았던 경험 때문에 더 강한 끈끈함을 내뿜거나, 반대로 상처받을까 봐 끈끈함을 숨기거나, 아예 끈끈함이 없는 척 회피하는 방식으로. 하지만 나의 생존 전략이 상대방의 생존 전략과 다를 때, 혹은 나의 끈끈함이 상대방의 끈끈함과 다른 방식으로 작용할 때, 우리는 서로에게 덫이 된다. 나의 방어막이 상대방에게는 벽이 되고, 상대방의 보호막이 나에게는 공격처럼 느껴지는 것이다.

예를 들어, 내가 상처받을까 봐 나의 진심을 숨기고 침묵할 때(나의 끈끈함/덫), 민지는 나의 침묵을 '답답함'으로 느끼고 더 강하게 나를 흔들어 깨우려 한다(민지의 끈끈함/덫). 지훈은 나의 침묵을 '비효율적'이라고 판단하고 논리적인 조언으로 나를 바꾸려 한다(지훈의 끈끈함/덫). 예은은 나의 침묵을 '재미없음'으로 여기고 다른 즐거움으로 도망친다(예은의 끈끈함/덫). 서연은 나의 침묵을 '외로움'으로 이해하고 조용히 옆에 있어주려 한다(서연의 끈끈함/덫). 같은 '침묵'이라는 나의 끈끈함에 대해, 친구들은 각자의 다른 끈끈함으로 반응하고, 그 반응들은 나에게 또 다른 형태의 덫이 되어 돌아온다.

어쩌면 서로에게 덫이 되는 것은 관계의 본질적인 부분일지도 모른다. 우리는 모두 불완전하고 상처 입기 쉬운 존재이며, 그런 우리가 서로에게 다가가고 연결되려 할 때 필연적으로 마주하게 되는 어려움. 끈끈이주걱의 이슬이 벌레를 잡는 것처럼, 우리의 끈끈함은 타인을 '잡으려' 하거나 '밀어내려' 하거나 '피하려' 하는 과정에서 의도치 않게 서로에게 상처를 주는 덫이 되는 것이다. 그것은 악의가 아니라, 서툰 생존 방식의 충돌에서 비롯된 비극일 수 있다.

 이 유리온실 안에서, 우리는 모두 각자의 끈끈한 덫을 가지고 서로에게 다가가고, 서로에게 상처 입고, 서로를 이해하려 애쓰고 있었다. 왜 우리는 서로에게 덫이 될까. 그 질문에 대한 명확한 답은 찾기 어려웠다. 하지만 한 가지는 알 수 있었다. 그 덫들은 단순히 타인을 해치기 위한 것이 아니라, 그들 각자가 이 세상에서, 그리고 관계 속에서 살아남기 위해 필사적으로 만들어낸 결과라는 것을. 그리고 그 이해는 나에게 관계의 아픔을 조금이나마 다른 시각으로 바라볼 수 있는 힘을 주었다.

17. 달콤함과 끈끈함 사이의 진실

관계는 달콤한 이슬 같았다. 함께 웃고 이야기하며 시간을 보내는 즐거움, 서로에게 힘이 되어주는 따뜻함, 외로움을 잊게 해주는 소속감. 그것은 분명 나를 이 관계에 머물고 싶게 만드는 매력이었다. 하지만 그 달콤함 뒤에는 언제나 끈끈함이 숨어 있었다. 무심한 말에 상처받고, 기대에 부담을 느끼고, 서로 다른 방식에 부딪히고, 오해와 서운함에 얽히는 아픔. 나는 이 달콤함과 끈끈함 사이에서 혼란스러웠다. 무엇이 관계의 진짜 모습일까. 달콤함일까, 아니면 끈끈함일까.

끈끈이주걱 잎에 맺힌 이슬방울은 햇빛에 반짝이며 아름답게 보인다. 그것이 '달콤함'이다. 하지만 그 이슬의 본질은 벌레를 꼼짝 못하게 만드는 '끈끈함'이다. 달콤함은 끈끈함의 다른 얼굴일 뿐이다. 벌레를 유인하는 것은 바로 그 끈끈함의 매력적인 모습이다.

관계도 마찬가지 아닐까. 관계의 달콤함은 끈끈함의 다른 얼굴일 뿐이다. 우리가 관계에서 느끼는 즐거움, 편안함, 소속감. 그것은 관계를 맺음으로써 발생하는 '끈끈함'의 긍정적인 측면일 수 있다. 서로에게 연결되고 묶여 있다는 사실 자체가 주는 안정감과 유대감. 그것이 달콤함으로 느껴지는 것이다. 하지만 그 끈끈함은 동시에 우리를 옭아매고, 상처 입히고, 부담을 지게 하는 부정적인 측면도 가지고 있다.

달콤함과 끈끈함은 분리될 수 없는 관계의 본질이다. 우리는 달콤함을 원하지만, 끈끈함 없이는 달콤함도 존재할 수 없다. 끈끈이주걱이 끈끈한 이슬을 내지 않으면 벌레를 잡을 수 없듯, 우리가 서로에게 마음을 열고 연결되지 않으면 관계의 달콤함도 느낄 수 없다. 관계를 맺는다는 것은, 달콤함과 함께 끈끈함을 받아들이는 것을 의미한다. 상처받을 가능성, 얽히고설킬 위험, 서로에게 덫이 될 수도 있다는 사실까지도.

민지의 뜨거운 솔직함은 때로 나에게 상처를 주었지만, 그 솔직함이 있었기에 우리는 그녀의 진심을 느낄 수 있었다. 지훈의 차가운 논리는 때로 나를 답답하게 했지만, 그의 합리성이 있었기에 우리는 혼란 속에서 중심을 잡을 수 있었다. 예은의 가벼움은 때로 나를 서운하게 했지만, 그녀의 밝음이 있었기에 우리는 함께 웃을 수 있었다. 서연의 조용한 공감은 때로 나를 외롭게 했지만, 그녀의 이해가 있었기에 나는 위로받을 수 있었다. 그들의 '끈끈함'은 나에게 아픔을 주기도 했지만, 동시에 관계의 달콤함을 가능하게 하는 원천이었다.

관계의 진실은 달콤함과 끈끈함 사이에 있는 것이 아니라, 달콤함과 끈끈함이 하나라는 사실에 있다. 관계는 달콤한 이슬처럼 아름답지만, 그 아름다움은 끈끈한 본질에서 비롯된다. 그리고 그 끈끈함은 때로 우리를 아프게 하지만, 그것이 바로 관계를 관계답게 만들고, 우리가 서로에게 연결될 수 있도록 하는 힘이다.

나는 관계의 끈끈함이 두려웠다. 상처받을까 봐, 얽매일까 봐. 하지만 끈끈이주걱이 자신의 끈끈함으로 스스로를 키워내듯, 어쩌면 관계의 끈끈함 또한 우리를 키워내는 자양분일지도 모른다는 생각이 들었다. 달콤함만을 좇아서는 관계의 깊이를 알 수 없다. 끈끈함 속으로 들어가 부딪히고 얽히고 상처받는 과정을 통해 비로소 관계의 진짜 의미를 배우고, 그 속에서 나 자신을 발견하고 성장하는 것일지도 모른다.

 우리는 달콤함과 끈끈함이 뒤섞인 관계 속에서 살아가고 있었다. 서로에게 이슬을 내밀고, 덫에 걸리고, 얽히고설키고, 상처받고, 그리고 이해하려 애쓰면서. 관계의 진실은 불편하고 아플 때도 있지만, 그것을 외면하지 않고 마주할 때 비로소 우리는 관계 속에서 나를 키워낼 수 있을 것이다. 달콤함만을 좇는 것은 끈끈이주걱의 이슬만 보고 본질을 외면하는 것과 같다. 끈끈함 속으로 들어가 그 본질을 이해하고 받아들일 때, 비로소 관계는 나를 키우는 힘이 될 수 있을 것이다. 달콤함과 끈끈함, 그 모든 것이 관계의 진실이었다.

18. 관계 맺음의 의미를 찾아서

 달콤함 뒤에 숨은 끈끈함, 서로에게 덫이 되는 서툰 방식들. 관계는 알면 알수록 복잡하고 어렵기만 했다. 상처받고, 오해하고, 때로는 나 자신의 존재조차 잃어버리는 듯한 혼란 속에서 나는 수도 없이 질문했다. 왜 우리는 이토록 고통스러운 관계를 계속해서 맺으려 하는가. 왜 우리는 혼자라는 외로운 섬에 만족하지 못하고, 기어이 다른 섬들과 다리를 놓으려 애쓰는가. 끈끈이주걱이 고독하게 벌레를 사냥하며 살아가듯, 나도 그저 나만의 방식으로 홀로 존재하는 것이 더 나은 선택일까.

하지만 돌이켜보면, 가장 깊은 외로움과 불안감을 느꼈을 때도 나를 완전히 절망하게 하지 않았던 것은 희미하게나마 이어진 '관계의 끈'이었다. 서연의 조용한 공감, 민지의 투박한 격려, 예은의 가벼운 유머, 지훈의 냉철한 조언. 그들은 나를 아프게도 했지만, 동시에 나를 이 세상과 연결해 주는 끈이었다. 나의 섬이 너무 외로웠을 때, 나는 그 끈을 통해 육지가 있다는 것을 느꼈다.

끈끈이주걱이 벌레를 잡아 영양분을 얻듯, 관계 또한 우리에게 무언가를 준다. 그것은 단순히 외로움을 잊게 해주는 즐거움만을 의미하지 않았다. 관계는 우리에게 '나'라는 존재를 비추는 거울이 되어주었다. 민지의 직설적인 비판, 지훈의 합리적인 평가, 예은의 무심한 피드백은 나에게 나의 약점, 나의 서툰 점, 나의 미숙한 점들을 돌아보게 했다. 그들의 말은 때로 아팠지만, 그 아픔을 통해 나는 내가 어떤 사람인지, 어떤 부분에서 성장해야 하는지 어렴풋이 알게 되었다. 마치 끈끈이주걱이 벌레를 소화하여 몸을 키우듯, 나는 관계 속에서 얻은 아픔들을 통해 나를 돌아보고 성찰하며 나 자신을 키워나가는 과정을 겪고 있었다.

관계는 또한 '다른 세계'를 경험하게 했다. 나는 나의 좁은 세계에 갇혀 나만의 기준으로 세상을 바라보고 있었다. 하지만 친구들은 각자의 다른 온도와 방식으로 세상을 살아가고 있었다. 민지는 불의에 맞서고 정의를 외쳤고, 지훈은 복잡한 세상을 논리와 숫자로 해독하려 했으며, 예은은 순간의 즐거움 속에서 삶의 의미를 찾았다. 서연은 타인의 고통을 섬세하게 어루만졌다. 그들의 존재는 나의 세계를 확장시켜주었다. 내가 미처 생각지 못했던 관점, 내가 알지 못했던 감정, 내가 경험해보지 못한 삶의 방식을 간접적으로나마 체험하게 해주었다. 그것은 나를 더 넓은 세상으로 이끌어주는 끈끈함이었다. 나의 시야를 좁게 가두었던 불안과 외로움의 끈끈함으로부터 벗어나, 더 넓은 이해와 공감의 세계로 나아가게 하는 끈끈함.

무엇보다 관계는 '나 혼자가 아니다'라는 사실을 일깨워주었다. 사춘기의 불안과 외로움 속에서 나는 나만의 섬에 고립된 듯했지만, 친구들 역시 각자의 방식으로 상처받고 힘들어하고 있었다. 민지의 가정 문제, 지훈의 미래 불안, 예은의 감정 기복, 서연의 소통 어려움. 그들의 숨겨진 상처와 그들만의 필사적인 생존 전략을 보며 나는 비로소 내가 겪는 고통이 나만의 것이 아니라는 것을 알았다. 우리는 모두 교실이라는 유리온실 안에서, 각자의 방식으로 끈끈한 덫에 걸리기도 하고, 혹은 자신을 지키기 위한 끈끈한 방어막을 치면서 살아가고 있었다.

　이러한 이해는 나에게 커다란 안도감을 주었다. 내가 이상해서, 내가 특별히 약해서 이 모든 관계의 어려움을 겪는 것이 아니라는 사실. 우리 모두가 겪고 있는 보편적인 과정이라는 사실. 끈끈이주걱 잎에 맺힌 이슬방울은 어디서든 자신의 생존을 위해 맺힌다. 우리 모두의 상처와 생존 전략 또한 그렇게 불가피하게 맺히는 것임을 알게 되었다. 내가 나만의 섬에서 벗어나 친구들의 섬으로 다가갈 수 있는 작은 다리가 놓이는 순간이었다. 그 다리는 '공감'과 '이해'라는 이름의 끈끈함으로 만들어졌다.

　끈끈이주걱은 혼자 사냥한다. 하지만 인간은 관계 속에서 살아간다. 왜 우리는 혼자가 아닌 함께여야 할까. 아마도 혼자서는 얻을 수 없는 '무언가'가 있기 때문일 것이다. 그 무언가는 단순히 도움을 주고받는 것을 넘어선다. 그것은 서로의 존재를 통해 나 자신을 더욱 선명하게 인지하고, 나의 한계를 넘어서고, 다른 세계를 경험하며, 내가 혼자가 아니라는 위로를 얻는 과정일 것이다. 달콤함과 끈끈함, 상처와 성장이 뒤섞인 이 복잡한 관계 속에서 우리는 계속해서 '나'를 키워 나간다.

관계 맺음은 쉬운 일이 아니었다. 계속해서 아프고, 힘들고,

외로울 수도 있다. 나의 끈끈함은 여전히 서툴고, 다른 친구들의 끈끈함은 여전히 나를 아프게 할 수 있다. 하지만 그 모든 어려움에도 불구하고, 우리는 관계라는 끈을 놓을 수 없었다. 끈끈이주걱이 자신의 끈끈함으로 필사적으로 살아남듯, 우리는 관계의 끈끈함 속에서 필사적으로 살아가고, 배우고, 성장한다. 그 끈끈함이 때로는 덫이 되고 아픔을 줄지라도, 그것을 통해 나는 나를 돌아보고, 타인을 이해하며, 궁극적으로 더 단단하고 넓은 '나'를 만들어갈 수 있을 것이다.

교실이라는 유리온실 안에서, 우리는 계속해서 관계를 맺고 그 속에서 살아가고 있었다. 서로 다른 온도를 가진 다섯 개의 존재들이 부딪히고 섞이며, 얽히고설킨 끈끈한 실타래를 만들어내고, 그 속에서 각자의 방식으로 살아남으려 애쓰면서. 그리고 그 모든 과정 속에서, 나는 관계 맺음의 진정한 의미를 찾아가고 있었다. 그것은 달콤함과 끈끈함이 공존하며 나를 키워내는, 불가피하지만 소중한 여정이었다.

# 7부

19. 예상치 못한 위로의 순간

 관계 맺음의 의미를 찾아가는 길은 멀고도 험했다. 달콤함 뒤에 숨은 끈끈함, 서로에게 덫이 되는 서툰 방식들, 그리고 아무에게도 닿지 않는 나의 끈끈함 속에서 나는 혼자라는 섬에 갇혀 고독했다. 왜 이토록 복잡하고 아픈 관계를 계속해야 하는지 의문을 품기도 했다. 하지만 교실이라는 유리온실 안에서, 문득 예상치 못한 순간에 찾아오는 위로들은 메마른 나의 마음에 단비처럼 스며들었다. 그것은 마치 끈끈이주걱 잎에 맺힌 이슬 방울이, 벌레를 잡는 덫으로서의 기능을 넘어 아침 햇살을 받아 영롱하게 빛나며 위로를 건네는 듯한 순간들이었다.

그날은 학교 시험을 망치고 잔뜩 의기소침해 있던 날이었다. 밤늦게까지 문제집을 붙들고 씨름했지만 결과는 참담했다. 노력만큼 결과가 나오지 않는다는 사실이 나를 깊은 좌절감에 빠뜨렸다. 점심시간에도 나는 급식실로 가지 않고 교실에 홀로 남아 창밖을 응시했다. 무거운 공기가 나를 짓누르는 듯했다. 누군가 나에게 말을 걸면 버럭 소리를 지르거나 눈물을 쏟을 것만 같았다. 나의 예민하고 불안정한 온도는 한없이 차가워져 있었다.

"야, 여기. 힘내라고 초코우유."

누군가 내 옆에 툭 하고 초코우유 하나를 던지듯 놓았다. 고개를 들자 민지가 서 있었다. 그녀는 특유의 거침없는 표정으로 나를 내려다보고 있었다. 나는 흠칫 놀랐다. 민지는 나의 이런 우울한 분위기를 싫어할 거라고 생각했다. 그녀의 뜨거운 온도는 어두운 곳에서는 금세 타오르거나 폭발할 것처럼 느껴졌으니까.

"뭘 그렇게 죽상이야? 시험 망쳤냐? 뭐 어때. 살면서 시험 몇 번 더 망칠 텐데. 기운 내라." 민지는 그렇게 말하며 내

어깨를 툭툭 쳤다. 그녀의 말은 투박했고, 위로의 말이라기보다는 어서 기운 차리라는 명령 같았다. 하지만 그 말 속에는 알 수 없는 따뜻함이 스며 있었다. 그녀는 나의 등을 보며 말한 것이 아니라, 직접 얼굴을 마주하고 초코우유를 내밀어 주었다. 어딘지 모르게 서툰 위로였지만, 그 순간만큼은 그녀의 직설적인 끈끈함이 나를 옭아매는 덫이 아니라, 나의 차가운 불안감을 조금이나마 녹여주는 따뜻한 불꽃처럼 느껴졌다. 예상치 못한 위로였다. 늘 강하게만 느껴졌던 그녀의 끈끈함 속에서 발견한 따뜻한 달콤함이었다.

또 다른 위로는 지훈에게서 왔다. 나는 늘 그가 감정이라고는 없는 차가운 계산기 같다고 생각했다. 나의 감성적인 고민을 비효율적이라고 치부하고 논리로만 세상을 바라보는 사람이라고 여겼다. 그가 내미는 끈끈함은 늘 딱딱하고 차가운 규칙 같아서, 감정을 잃어버릴까 두려웠다.

어느 날 방과 후, 나는 혼자 자습실에 남아 수학 문제를 풀고 있었다. 아무리 풀려 해도 답이 나오지 않는 문제였다. 나는 좌절감에 풀던 문제를 구겨버렸다. 그때 옆에 앉아 있던 지훈이 구겨진 문제지를 바라봤다. 그는 아무 말 없이 구겨진 문제지를 펴더니, 볼펜으로 쓱쓱 그림을 그리듯 풀이 과정을 써 내려갔다. 완벽하고 명확한 풀이였다. 그리고는 다시 내게 문제지를 내밀었다.

"이 문제, 풀이 방식이 잘못되었어. 네 방식대로 하면 안 돼. 이렇게 논리적으로 접근해야 해. 다음부터는 풀리지 않는 문제에 시간 낭비하지 말고, 바로 해답을 찾아 효율적으로 익히는 게 중요해." 지훈은 그렇게 말하며 다시 자신의 문제집으로 시선을 돌렸다. 그의 말투는 여전히 무미건조했고, 감정이라고는 찾아볼 수 없었다. 하지만 그는 내가 문제를 해결하지 못해 답답해하고 있다는 것을 알아차렸고, 자신만의 방식으로 나를 도와주었다. 그 순간, 그의 차가운 논리적인 끈끈함이 나를 답답하게 하는 덫이 아니라, 나의 길을 밝혀주는 한 줄기 빛처럼 느껴졌다. 그의 '도움'이라는 이슬은 달콤하게 나의 좌절감을 씻어냈다. 예상치 못한 위로였다. 그의 차가운 끈끈함 속에서 발견한 예상치 못한 따뜻함이었다.

가장 놀라웠던 것은 예은에게서 받은 위로였다. 그녀는 늘 가벼웠고, 진지한 이야기에는 흥미를 느끼지 못하는 사람이라고 생각했다. 나의 고민이나 불안을 이해하지 못하고 그저 피하려고만 하는 사람이라고 여겼다. 그녀의 끈끈함은 너무 가벼워서, 깊은 관계를 맺기에는 부족하다고 생각했다.

어느 날, 나는 점심시간에 급체를 해서 너무 힘들었다. 교실 한구석에서 끙끙 앓고 있는데, 예은이 나에게 다가왔다. "

야, 너 어디 아파? 얼굴이 완전 노래. 체했어? 이거 약인데, 엄마가 늘 가지고 다니래." 예은은 작은 파우치에서 소화제를 꺼내 내밀었다. 평소 유행하는 간식이나 액세서리만 가지고 다닐 줄 알았던 예은의 파우치에서 약이 나온 것도 놀라웠지만, 무엇보다 나를 걱정하는 그녀의 진심 어린 눈빛이 나를 놀라게 했다.

"괜찮아. 그냥 좀..." 나는 말을 잇지 못했다.

"괜찮긴 뭐가 괜찮아! 어서 먹어! 그리고 오늘 점심시간에 보건실 갈래? 내가 같이 가줄게!" 예은은 더 이상 까불거리지 않았다. 그녀의 목소리는 진지했고, 그녀의 얼굴에는 진심 어린 걱정이 가득했다. 내가 아프다는 사실 앞에서, 그녀의 모든 가벼움과 변덕스러움은 사라진 듯했다. 그녀의 '걱정'이라는 이슬은 달콤하게 나의 아픔을 감싸 안았다. 그 순간, 그녀의 가벼운 끈끈함이 더 이상 나를 외면하는 덫이 아니라, 따뜻하게 나를 보살펴주는 온기가 될 수 있다는 것을 알았다. 예상치 못한 위로였다. 그녀의 가벼운 끈끈함 속에서 발견한 놀라운 진지함이었다.

그리고 서연. 서연의 위로는 늘 조용했지만, 가장 깊이 나의 마음에 닿았다. 그녀는 언제나 나의 곁에서 조용히 나의 존재를 지지해 주었다. 다른 친구들이 나를 바꾸려 하거나,

나의 감정을 이해하지 못하거나, 나의 존재를 부정할 때도 서연은 아무 말 없이 그저 나를 바라봐 주었다. 그녀의 눈빛은 '네 모습 그대로 괜찮아'라고 말하는 듯했다.

나는 한없이 혼란스럽고 외로웠던 어느 날 밤, 서연에게 길게 메시지를 보냈다. 내가 느끼는 불안감, 관계에 대한 두려움, 나 자신을 이해하지 못하겠다는 혼란스러움 등 나의 가장 깊은 속마음을 조심스럽게 털어놓았다. 다음 날 아침, 서연은 아무 말 없이 등교하자마자 내 책상 위에 작은 편지 하나를 놓아두었다. 짧은 편지였다. 거기에는 이렇게 적혀 있었다. '나도 네 마음 다 알아. 혼자라고 생각하지 마. 괜찮아.' 그 짧은 문장 속에서 나는 그녀의 모든 조용한 공감과 이해를 느꼈다. 그녀의 '이해'라는 이슬은 너무나 달콤해서 나의 메마른 마음을 촉촉하게 적셔주었다. 나의 아무에게도 닿지 않던 끈끈함이 비로소 누군가에게 닿는 순간이었다. 서연의 조용한 끈끈함은 나의 가장 깊은 곳까지 스며들어, 나를 단단하게 지지해 주었다. 예상치 못한 위로였다. 그녀의 조용한 끈끈함 속에서 발견한 가장 깊은 연결이었다.

이 모든 예상치 못한 위로의 순간들은 나에게 관계의 새로운 면모를 보여주었다. 관계의 끈끈함은 단순히 얽매임이나 상처만을 의미하는 것이 아니었다. 때로는 가장 무심해 보이는 친구들의 말이나 행동 속에서도, 나의 가장 깊은 불안과 외로움을 녹여주는 따뜻한 이슬방울이 숨어 있었다. 그 이슬방울들은 나에게 '함께'의 의미를 다시 한번 깨닫게 해주었다. 교실이라는 유리온실 안에서, 우리는 각자의 방식으로 끈끈함을 내뿜으며 살아가고 있었다. 그리고 그 끈끈함 속에는 서로를 아프게 하는 덫도 있었지만, 동시에 서로를 위로하고 지지하며 함께 성장하게 하는 달콤한 이슬도 존재했다. 나의 끈끈이주걱이 고독한 사냥꾼처럼 보였지만, 때로는 그 이슬이 아름답게 빛나며 나에게 위로를 건네듯, 우리 친구들의 끈끈함 역시 나에게 그렇게 다가왔다. 관계 맺음의 어려움 속에서도, 나는 이 예상치 못한 위로의 순간들을 통해 계속해서 관계 속에 머무를 힘을 얻었다.

20. 조용한 공감의 힘을 느끼다

　예상치 못한 위로의 순간들은 나에게 관계의 새로운 면모를 보여주었다. 그중에서도 서연의 위로는 가장 깊이 나의 마음에 닿았고, 나를 둘러싸고 있던 투명한 벽을 허무는 듯했다. 그녀의 공감은 언제나 조용했지만, 그 울림은 어떤 격한 위로보다도 강렬했다. 그것은 마치 끈끈이주걱 잎에 맺힌 이슬방울이 고요한 밤이슬을 머금으며 스스로를 채우고, 주변의 작은 풀잎에 조용히 스며들어 생명을 주는 것처럼. 서연의 끈끈함은 나의 가장 깊은 외로움과 불안을 채워주는 조용한 공감의 힘을 가지고 있었다.

나는 끈끈이주걱과 나 자신, 그리고 관계에 대한 깊은 고민을 아무에게도 털어놓지 못했다. 민지의 뜨거운 열정은 나의 섬세한 고민을 답답하게 여길 것 같았고, 지훈의 차가운 논리는 나의 감성적인 접근을 비효율적이라고 할 게 분명했다. 예은의 가벼움은 나의 진지한 이야기를 농담으로 치부하고 다른 화제로 돌릴 것이다. 나는 나의 세계가 너무 깊고 무거워서 아무도 공감하지 않으리라 생각했다. 하지만 서연은 달랐다. 그녀는 내 말을 들어주려 노력했고, 무엇보다 내면에 나와 닮은 온도를 품고 있었다.

내가 불안과 외로움에 사로잡혀 있던 날, 나는 무작정 서연에게 메시지를 보냈다. 내가 느끼는 막막함, 관계의 끈끈함에 대한 두려움, 아무에게도 이해받지 못한다는 고독감 등 나의 가장 깊은 속마음을 조심스럽게, 하지만 필사적으로 털어놓았다. 메시지는 길었고, 뒤죽박죽이었다. 답장이 오지 않아도 실망하지 않으려 했다. 아니, 오히려 답장이 오지 않는 것이 더 편할지도 모른다고 생각했다. 나의 끈끈함이 아무에게도 닿지 않아 다시 나에게로 돌아올 것이라고 예상했다.

다음 날 아침, 등교하자마자 서연은 아무 말 없이 내 책상 위에 작은 편지 하나를 놓아두었다. 평범한 노트의 한 장을 찢어 접은, 꾸밈없는 편지였다. 거기에는 단 한 문장이 적혀 있었다. '나도 네 마음 다 알아. 혼자라고 생각하지 마. 괜찮아.' 그 짧은 문장 속에서 나는 그녀의 모든 조용한 공감과 이해를 느꼈다. 그 편지에는 나의 뒤죽박죽인 감정들을 하나하나 분석하거나, 해결책을 제시하려는 시도도 없었다. 그저 '나도 그렇다', '너는 혼자가 아니다'라는 진심 어린 공감만이 담겨 있었다.

그 순간, 나의 아무에게도 닿지 않던 끈끈함이 비로소 누군가에게 닿는 것을 느꼈다. 나의 외로움, 나의 불안, 나의 고독이 누군가에게 이해받았다는 사실이 너무나 큰 위로가 되었다. 서연의 조용한 공감은 폭포수처럼 쏟아지는 뜨거운 위로가 아니었다. 그것은 마치 차가운 바위를 부드럽게 감싸 안는 이끼처럼, 나의 얼어붙었던 마음에 조용히 스며들어 따뜻하게 데워주는 공감이었다. 그녀의 조용한 끈끈함은 나의 가장 깊은 곳까지 스며들어, 나를 단단하게 지지해 주었다. 그녀의 공감은 나를 옭아매거나 바꾸려 하지 않았다. 그저 내가 느끼는 감정들을 있는 그대로 받아들여 주었다.

서연은 나에게 어떤 기대를 강요하지 않았다. 그녀는 나의 조용함을 존중했고, 나의 사색적인 면을 자연스럽게 받아들였다. 그녀는 내가 무엇을 해야 한다고 말하지 않았고, 내가 느끼는 감정이 잘못되었다고 평가하지도 않았다. 그저 내가 힘들어할 때 말없이 옆에 앉아주거나, 내가 좋아하는 끈끈이주걱에 대한 이야기를 조용히 들어주었다. 그녀의 그런 조용한 존재 방식 자체가 나에게는 가장 큰 위로였다.

나는 서연을 통해 '공감의 힘'을 느꼈다. 공감은 반드시 많은 말이나 화려한 행동을 필요로 하지 않았다. 때로는 단 하나의 문장, 하나의 눈빛만으로도 충분했다. 상대방의 아픔을 완전히 이해하지 못하더라도, 그 아픔을 함께 느껴주고 '혼자가 아님'을 알려주는 것. 그것이 공감의 진정한 힘이었다. 서연의 조용한 끈끈함은 나를 옭아매는 덫이 아니라, 나의 영혼을 치유하고 감싸주는 부드러운 이슬 같았다.

나의 아무에게도 닿지 않는 끈끈함이 서연에게 닿았다. 그리고 서연의 조용한 끈끈함은 나의 내면 깊숙이 스며들었다. 우리는 서로에게 말을 걸지 않아도 마음을 나눌 수 있었고, 서로의 가장 연약한 부분을 이해할 수 있었다. 그녀의 조용한 공감은 나를 둘러싼 유리온실의 벽을 허무는 듯했다. 내가 혼자가 아니라는 사실. 나의 외로움과 불안이 공감받는다는 사실. 그것은 얼어붙었던 나의 마음에 따뜻한 햇살을 비추는 일과 같았다. 관계의 끈끈함이 이제 더 이상 두렵지만은 않았다. 그 속에는 이렇게 나의 상처를 치유하고 나를 지지해주는 조용한 공감의 힘이 숨어 있었다.

21. 끈끈함 속에서 발견한 온기

　조용한 공감의 힘을 느끼며, 나는 관계의 끈끈함 속에서 비로소 새로운 종류의 온기를 발견하기 시작했다. 이 온기는 민지의 뜨거운 열정이나 지훈의 차가운 이성이 줄 수 없었던, 내면 깊숙이 스며들어 나를 따뜻하게 감싸 안는 종류의 온기였다. 그것은 마치 끈끈이주걱이 차가운 밤공기 속에서 이슬을 맺고, 그 이슬이 새벽 햇살을 받아 서서히 온기를 띠며 식물 전체를 포근하게 감싸 안는 것처럼. 관계의 끈끈함은 덫이기도 했지만, 그 안에는 분명 나의 외로움을 녹이고 나를 지켜주는 따뜻한 온기가 존재했다.

나만의 섬에 갇혀 혼자 힘들어하던 시간들이 길어지면서, 나는 내가 혼자서 모든 것을 감당해야 한다고 생각했다. 관계의 끈끈함은 상처와 부담만을 줄 뿐이라고 여겼다. 하지만 예상치 못한 위로의 순간들, 그리고 서연의 조용한 공감을 통해 나는 그 생각이 틀렸다는 것을 깨달았다. 관계의 끈끈함은 때로 우리를 아프게 하지만, 동시에 우리를 지탱하고 앞으로 나아가게 하는 따뜻한 힘도 가지고 있었다.

어느 날 밤, 나는 평소보다 훨씬 깊은 고민에 빠져 있었다. 진로 문제, 친구들과의 관계, 내가 가진 불안감들. 모든 것이 얽히고설켜 나를 질식시킬 것만 같았다. 답답한 마음에 끈끈이주걱 화분을 들고 방 안을 서성였다. 그때 폰으로 민지에게서 메시지가 왔다. [야, 자냐? 심심한데 게임이나 할래? 우리 팀 져서 내가 캐리해야 함ㅋㅋ]

나는 잠깐 망설였다. 지금은 아무것도 하고 싶지 않았지만, 민지의 메시지는 내가 아직 관계의 밖에 있는 것이 아님을 상기시켜 주었다. [나: 아니... 그냥... 좀 그래.] 민지는 길게 답장하지 않았다. 몇 분 후, 민지와 예은, 지훈이 동시에 게임 초대를 보냈다. 나는 결국 게임에 접속했다. 게임 속에서 우리는 평소처럼 떠들고 웃고 때로는 싸웠다. 지훈은 늘 그랬듯 효율적인 전략을 제시했고, 민지는 거침없이 돌진

했다. 예은은 쉴 새 없이 재잘거렸고, 나는 조용히 그들의 플레이를 따라갔다.

게임이 끝난 후, 민지가 말했다. [야, 그래도 오늘 잘했네. 처음엔 쭈뼛거려서 답답했는데.] 지훈이 이어서 말했다. [포지션 이행률 80%. 양호했어. 이 정도면 팀에 기여했다고 볼 수 있지.] 예은은 [야야! 지훈이 오늘 드디어 칭찬이란 걸 했다! 축하해!] 라며 웃었다.

나는 그들의 말 속에서 작은 온기를 느꼈다. 나의 플레이를 인정해주고, 나를 받아주는, 그들의 투박하지만 진심 어린 끈끈함. 그것은 '나도 이 관계 속에 존재하고 있다'라는 따뜻한 확인이었다. 그들은 나의 복잡한 내면까지 알지는 못했지만, 그들만의 방식으로 나에게 연결되어 있었다. 그 온기는 나의 고독을 잠시나마 녹여주었다. 끈끈이주걱 잎에 맺힌 이슬방울이 고독하게 스스로 채워가지만, 새벽 햇살을 받아 온기를 띠며 식물 전체에 포근함을 전해주듯. 나의 끈끈함은 때로는 고독했지만, 이 관계 속에서 나는 따뜻한 온기를 나눌 수 있었다.

관계의 끈끈함은 때로는 아프고, 때로는 부담스럽고, 때로는 이해받지 못해 답답했지만, 그 속에는 분명 따뜻한 온기가 숨어 있었다. 그 온기는 상처를 아물게 하고, 외로움을 녹여주고, 나에게 소속감과 안정감을 주었다. 그것은 '함께'라는 이름의 온기였다.

나는 이제 관계의 끈끈함을 다른 시각으로 바라보기 시작했다. 그것은 더 이상 단순히 나를 옭아매는 덫이나 벗어나고 싶은 실타래가 아니었다. 끈끈이주걱이 벌레를 잡아 스스로를 키워내듯, 관계의 끈끈함 또한 우리를 키워내는 자양분이 될 수 있음을 어렴풋이 느끼게 되었다. 그 끈끈함 속에는 서로에게 기대고, 서로를 위로하며, 서로를 지지하는 힘이 있었다. 각자의 다름과 상처를 품은 채 서로에게 연결되어 있다는 것 자체가 주는 따뜻함이었다.

교실이라는 유리온실 안에서, 우리는 각자의 끈끈함을 내뿜으며 부딪히고 얽히고설키고 있었다. 그리고 그 끈끈함 속에서, 우리는 서로에게 예상치 못한 위로를 건네고, 조용한 공감을 나누고, 마침내 따뜻한 온기를 발견했다. 이 끈끈함이 때로는 아플지라도, 그것이 바로 우리를 '우리'로 만들고, '나'를 키워내는 힘이 될 것이라고, 나는 믿기 시작했다. 관계 맺음의 어려움 속에서도, 나는 끈끈함 속에서 피어나는 온기를 통해 계속해서 나아가고 있었다. 그것이 나를 이해하고, 타인을 이해하며, 더 넓은 세계로 나아가는 나의 여정의 일부임을 깨달으면서.

8부

22. 아픔을 소화하는 과정

관계의 끈끈함 속에서 나는 수많은 이슬방울을 맞았다. 달콤한 것들도 있었지만, 상처라는 이름의 이슬방울은 나의 마음에 끈끈하게 달라붙어 좀처럼 떨어지지 않았다. 예은의 무심한 평가, 지훈의 차가운 논리, 민지의 직설적인 비판, 그리고 아무에게도 닿지 않던 나의 끈끈함에서 오는 좌절감까지. 그 아픔들은 나를 외롭게 했고, 불안하게 했으며, 때로는 나 자신을 잃어버리는 듯한 혼란에 빠뜨렸다. 하지만 예상치 못한 위로의 순간들을 경험하고, 서연의 조용한 공감을 통해 관계의 끈끈함속에서도 온기가 존재한다는 것을 발견하면서, 나는 비로소 그 아픔들을 다른 시각으로 바라보기 시작했다.

끈끈이주걱이 벌레를 잡아 소화하며 영양분을 얻듯, 나도 이 아픔들을 소화하여 성장의 자양분으로 삼을 수 있을 것이라는 막연한 희망이 생겨났다.

아픔을 '소화'한다는 것은 쉽지 않은 과정이었다. 그것은 고통을 외면하거나 잊으려 애쓰는 것과는 달랐다. 아픔을 다시 마주하고, 그 아픔의 본질이 무엇인지 들여다보는 과정이었다. 민지의 직설적인 말이 나에게 상처를 주었을 때, 나는 그녀의 말을 그저 '나쁜 말'로 치부하는 대신, 왜 그녀가 그런 말을 했는지, 그리고 내가 왜 그 말에 그토록 아파했는지 곱씹어 보았다. 민지의 직설은 그녀가 세상을 대하는 '정면돌파' 방식이자, 자신의 내면에 있는 불안과 아픔을 감추기 위한 그녀만의 '끈끈함'이라는 것을 어렴풋이 이해하게 되었다. 그리고 내가 그 말에 아파했던 것은 나의 예민함 때문이기도 하지만, 어쩌면 나 스스로 나의 조용함과 서툰 점을 약점으로 여기고 있었기 때문일 수도 있다는 것을 깨달았다. 민지의 끈끈함은 나의 내면에 있던 '스스로에 대한 평가'라는 벌레를 건드려, 그 벌레를 수면 위로 끌어올린 것이다. 그것은 아팠지만, 동시에 나의 깊은 곳에 숨어있던 무언가를 보게 해주었다.

지훈의 차가운 논리가 나를 위축시켰을 때도 마찬가지였

다. 그의 말이 옳았다는 것을 인정하면서도, 나는 왜 나의 감정이 그토록 외면당하는 것에 아파했는지 생각해 보았다. 지훈의 논리는 그의 불안감을 감추고 통제하려는 필사적인 노력이라는 것을 이해하게 되자, 그의 말은 더 이상 나를 향한 개인적인 비난이 아니라 그저 '그의 방식'일 뿐이라는 것을 알게 되었다. 그리고 나는 나의 감정이 비합리적인 것이 아님을, 나의 방식 또한 그들의 방식만큼이나 의미 있음을 스스로에게 되뇌었다. 지훈의 끈끈함은 나의 '감정의 가치'에 대한 질문을 던졌고, 나는 그 질문을 소화하며 나의 감정을 더 소중히 여기게 되었다.

예은의 무심한 가벼움과 회피는 나에게 때로 깊은 서운함을 주었지만, 그녀의 밝음 뒤에 숨겨진 혼란스러움과 외로움을 보았을 때, 나는 그녀의 가벼움이 그녀가 관계의 무거움으로부터 자신을 보호하는 '방어막'이자 '도피처'라는 것을 이해하게 되었다. 그녀의 무심함은 나의 기대를 저버렸지만, 그것은 그녀 스스로도 감당하기 어려운 무언가로부터 벗어나려는 몸부림이었다. 그녀의 끈끈함은 나의 '관계에 대한 기대'라는 벌레를 자극하여, 나의 기대가 모두 충족될 수 없음을 알려주었다. 나는 그 사실을 소화하며, 타인에게 거는 기대의 무게를 조절하는 법을 배우기 시작했다.

아픔을 소화하는 과정은 단순히 그들의 행동을 합리화하는 것이 아니었다. 그것은 나를 아프게 한 그들의 '끈끈함' 뒤에 숨겨진 이야기와 이유를 이해하려 노력하고, 동시에 그 아픔이 나에게 무엇을 가르쳐주려 하는지 내면을 탐색하는 과정이었다. 마치 끈끈이주걱이 벌레를 분해하여 영양분을 흡수하듯, 나는 아픔의 원인과 그 감정을 분해하고 해석하여 나의 내면을 이해하고 성장하는 데 필요한 교훈으로 바꾸려 했다. 아픔은 이제 더 이상 그저 고통이 아니라, 나를 더 깊이 이해하고 타인을 더 넓게 포용하게 하는 계기가 되었다.

이 소화 과정은 단번에 이루어지지 않았다. 때로는 다시금 아픔에 잠식되어 모든 것을 포기하고 싶을 때도 있었고, 친구들을 미워하는 감정에 사로잡힐 때도 있었다. 하지만 나는 이제 그 감정들마저도 나를 키우는 과정의 일부라고 생각하려 애썼다. 끈끈이주걱의 소화 효소가 벌레를 천천히 분해하듯, 나도 나의 아픔들을 느릿하지만 꾸준히 소화해 나갔다. 그 과정을 통해 나는 나 자신과 친구들을 더 깊이 이해하게 되었고, 관계의 복잡한 끈끈함 속에서 흔들리지 않을 단단함을 찾아가기 시작했다. 아픔은 이제 더 이상 나를 가두는 덫이 아니라, 나를 키워내는 불가피한 자양분임을 깨닫게 되었다.

23. 내면의 뿌리가 깊어지다

 아픔을 소화하는 과정을 거치면서, 나의 내면에는 서서히 변화가 찾아왔다. 그것은 눈에 띄는 드라마틱한 변화라기보다는, 마치 끈끈이주걱이 눈에 보이지 않게 뿌리를 깊이 내리는 것처럼, 내면의 단단함과 안정감이 서서히 깊어지는 과정이었다. 관계의 끈끈함 속에서 나는 더 이상 쉬이 흔들리거나 상처받지 않게 되었다. 나의 내면의 뿌리가 깊어지고 있음을 느꼈다.

예전에는 친구들의 말 한마디, 행동 하나하나에 일희일비하고 쉽게 상처받았다. 나의 조용함이나 서툰 점이 지적당할 때마다 위축되고, 나의 감정이 이해받지 못하면 고립감을 느꼈다. 나는 마치 뿌리 없는 식물처럼, 외부의 바람과 파도에 속절없이 흔들리고 표류했다. 나의 끈끈함은 너무 약해서 나 자신조차 지탱하지 못했다.

하지만 아픔을 소화하는 과정을 통해, 나는 나의 감정과 나 자신의 가치를 더 깊이 이해하게 되었다. 친구들의 '덫'이 그들의 상처와 불안에서 비롯된 생존 방식이라는 것을 이해하게 되면서, 나는 더 이상 그들의 행동을 나에 대한 개인적인 공격으로 받아들이지 않게 되었다. 그들의 방식은 그들의 것이고, 나의 방식은 나의 것임을 인정하게 된 것이다. 민지의 직설적인 비판도 이제는 그녀의 강한 애정 표현으로 받아들일 수 있게 되었고, 지훈의 논리적인 조언도 내가 놓칠 수 있는 부분을 채워주는 현실적인 도움으로 들렸다. 예은의 가벼움 속에서도 그녀 나름의 진심과 따뜻함을 찾을 수 있게 되었고, 서연의 조용한 공감은 나를 지탱하는 굳건한 뿌리처럼 느껴졌다.

나의 내면은 점점 더 단단해졌다. 뿌리가 깊어지면서, 나는 외부의 평가나 기대에 흔들리지 않는 중심을 갖게 되었다. '나는 나대로 괜찮다'는 자기 수용의 힘이 자라났다. 나의 조용함이 강점이 될 수 있음을, 나의 예민함이 오히려 타인의 감정을 더 깊이 이해하는 섬세함이 될 수 있음을 알게 되었다. 끈끈이주걱이 땅속 깊이 뿌리를 내려 영양분을 흡수하고 바람에 흔들리지 않듯, 나는 이제 관계 속에서 오는 다양한 자극들을 소화하여 나의 내면을 키워나갈 수 있게 된 것이다.

이러한 내면의 깊이는 나에게 새로운 여유를 주었다. 친구들이 다시 나에게 무심한 말을 던지거나, 나의 방식을 이해하지 못할 때도, 나는 이전처럼 크게 상처받거나 흔들리지 않았다. 그들의 끈끈함이 나를 덮치려 할 때도, 나는 이제 그 끈끈함의 본질을 이해하고 나 자신을 보호할 수 있는 방법을 어렴풋이 알게 되었다. 나의 끈끈함은 이제 타인의 공격을 무력화시키고 나를 단단하게 지키는 방패가 되었다.

나는 여전히 혼자만의 시간을 소중히 여겼지만, 그 시간은 더 이상 외로운 고립이 아니었다. 그것은 나의 깊어진 뿌리를 재정비하고 더 많은 영양분을 흡수하는, 필수적인 시간이었다. 혼자라는 섬은 더 이상 나를 가두는 공간이 아니라, 나 자신을 온전히 들여다볼 수 있는 성스러운 장소가 되었다.

내면의 뿌리가 깊어지면서, 나의 끈끈함도 달라졌다. 예전에는 나를 방어하고 숨기기 위한 약한 끈끈함이었다면, 이제는 나 자신을 지탱하고 관계 속에서 건강하게 소통할 수 있는 단단하고 유연한 끈끈함이 되었다. 이 끈끈함은 더 이상 아무에게도 닿지 않는 외로운 것이 아니었다. 나의 깊어진 내면을 통해, 나는 이제 친구들에게 진정으로 나의 마음을 전달하고, 그들의 끈끈함을 더 넓은 마음으로 포용할 수 있게 되었다.

교실이라는 유리온실 안에서, 나는 여전히 같은 친구들과 함께 있었다. 그들의 온도와 방식은 여전히 달랐고, 때로 갈등이 생기기도 했다. 하지만 나는 이제 그 모든 것을 더 큰 틀에서 이해할 수 있게 되었다. 서로에게 덫이 될 수 있는 관계의 끈끈함 속에서, 나는 나의 아픔을 소화하고 내면의 뿌리를 깊이 내렸다. 그리고 그 뿌리로부터 솟아나는 힘으로, 나는 더욱 단단하고 성숙한 '나'를 키워나가고 있었다. 마치 끈끈이주걱이 고독한 과정을 거쳐 더 튼튼한 잎을 피우고, 더 많은 이슬을 맺어 스스로를 완성하듯. 나의 성장은 그렇게, 끈끈함 속에서 이루어지고 있었다.

24. 관계를 통해 배우는 '나'

아픔을 소화하는 과정을 거치고, 내면의 뿌리가 깊어지면서, 나는 비로소 '나' 자신을 새로운 시각으로 바라볼 수 있게 되었다. 교실이라는 유리온실 안에서 친구들과 얽히고설키며 겪었던 모든 관계들이, 사실은 나에게 '나'라는 존재를 선명하게 비춰주는 거울이자, 나를 조각하는 손길이었다는 것을 깨달았다. 민지, 지훈, 예은, 그리고 서연. 그들은 나의 다른 온도를 가진 친구들이 아니라, 나 자신의 다양한 면모를 드러내고 성숙시키는 중요한 매개체였다.

나는 이전에 나의 조용함과 예민함을 약점으로 여겼다. 민지처럼 뜨겁게 돌진하지 못하고, 지훈처럼 차갑게 논리적이지 못하며, 예은처럼 가볍게 상황을 전환하지 못하는 나 자신에게 늘 답답함을 느꼈다. 그들의 날카로운 말과 행동은 나의 그 '약점'을 찌르는 것 같아 아팠다. 하지만 그 아픔을 소화하는 과정을 통해, 나는 민지라는 거울을 통해 나의 '침묵'이 단순히 말을 못하는 것이 아니라, 깊이 생각하고 관찰하는 나의 '내면의 힘'일 수 있음을 보았다. 민지는 늘 나에게 더 활발해지라고 했지만, 그녀의 그런 모습은 나의 조용함을 더욱 돋보이게 했다. 그녀의 끈끈함은 나의 '침묵'이라는 끈끈함을 흔들어 깨웠고, 나는 그제야 나의 침묵이 관계 속에서 나를 보호하는 동시에 나 자신을 성찰하는 중요한 방식임을 이해하게 되었다.

지훈이라는 거울을 통해 나는 나의 '감정'의 가치를 배웠다. 그는 나의 감성적인 반응을 '비합리적'이라고 평가했지만, 그의 지나친 논리는 오히려 감정이 배제된 삶이 얼마나 건조하고 무미건조할 수 있는지를 보여주었다. 그의 차가운 끈끈함 속에서 나는 내가 느끼는 불안, 기쁨, 슬픔 같은 감정들이 결코 비효율적이거나 불필요한 것이 아님을, 오히려 인간을 인간답게 만드는 귀중한 요소임을 깨달았다. 그의 끈끈함은 나의 '감정'이라는 끈끈함을 더 소중히 여기게 만들었다. 그의 논리가 닿지 못하는 영역에 나의 감수성이 존재한다는 사실이 나에게 큰 위안이 되었다.

예은이라는 거울은 나에게 '삶의 유연함'을 가르쳐주었다. 나의 진지한 고민과 무거운 감정들이 그녀에게는 '재미없는 것'으로 치부되기도 했지만, 그녀의 가볍고 즉흥적인 태도는 나에게 삶을 너무 심각하게만 바라볼 필요는 없다는 깨달음을 주었다. 때로는 복잡한 문제를 단순하게 보거나, 잠시 외면하고 다른 즐거움을 찾는 것도 관계 속에서 자신을 지키는 하나의 방식이 될 수 있음을 배웠다. 그녀의 끈끈함은 나의 '고뇌'라는 끈끈함에 일종의 '환기'를 불어넣었고, 나는 그녀의 가벼움 속에서 관계의 또 다른 형태를 발견할 수 있었다. 나의 조용하고 무거운 끈끈함만이 정답이 아님을 예은을 통해 보게 된 것이다.

그리고 서연이라는 거울은 나의 '가장 깊은 본질'을 확인시켜주었다. 그녀는 내가 아무에게도 닿지 않는다고 생각했던 나의 끈끈함을 유일하게 이해해주었다. 나의 조용함 속에서 섬세함을, 나의 불안감 속에서 진실함을 보아주었다. 그녀의 조용한 공감은 내가 나의 '끈끈함'을 스스로 의심하지 않고 받아들일 수 있게 해주었다. 서연의 끈끈함은 나의 '있는 그대로의 나'를 따뜻하게 감싸 안았고, 나는 그 속에서 나의 고유한 온도가 결코 약한 것이 아니며, 오히려 강력한 연결의 힘을 가질 수 있음을 깨달았다. 그녀의 끈끈함이야말로 나의 진정한 자양분이 되었다.

관계는 끈끈이주걱이 벌레를 잡는 것만큼이나 역동적이고 예측 불가능했다. 하지만 그 복잡하고 얽히고설킨 끈끈한 실타래 속에서 나는 '나'를 발견했다. 내가 누구인지, 무엇을 잘하고 무엇을 어려워하는지, 어떤 상처를 가졌고 어떤 방식으로 살아남으려 하는지. 친구들과의 관계 속에서 발생했던 모든 마찰과 충돌, 상처와 위로는 나의 내면을 두드리고 깎아내고 다듬는 과정이었다. 그들의 말과 행동은 나의 반응을 이끌어냈고, 나는 그 반응을 통해 나 자신의 숨겨진 부분들을 보게 되었다.

이전에는 '나'는 고정된 어떤 존재라고 생각했다. 변하지 않는 나의 성격, 나의 약점들. 하지만 관계를 통해 나는 '나'가 결코 고정된 것이 아니라, 관계 속에서 계속해서 형성되고 변화하며 성장하는 유기체와 같다는 것을 깨달았다. 나는 민지를 통해 나 자신을 더 주장하는 법을 어렴풋이 배웠고, 지훈을 통해 감성적인 나를 존중하는 법을 깨달았으며, 예은을 통해 삶의 가벼움을 이해하게 되었고, 서연을 통해 나의 깊은 감수성을 확인받았다.

관계의 끈끈함은 나를 때로는 얽어매고 아프게 했지만, 그것이 바로 '나'라는 식물이 자라나는 데 필요한 불가피한 자양분이었다. 끈끈이주걱은 벌레를 소화하여 영양분을 얻고 스스로를 키워낸다. 나도 관계 속에서 겪었던 모든 '사건'과 '감정'이라는 벌레들을 소화하며 나의 내면을 단단하게 하고, 나의 뿌리를 깊이 내렸으며, 나만의 이파리를 더 크게 펼 수 있게 되었다. 상처는 더 이상 아픔으로만 남지 않고, '나'를 성장시키는 귀한 경험이 되었다.

이제 나는 교실이라는 유리온실 안에서, 우리 다섯의 관계 속에서 내가 어떤 모습으로 존재해야 할지 좀 더 명확해졌다. 나는 민지처럼 뜨겁게 자신을 드러내지도, 지훈처럼 차갑게 논리적이지도, 예은처럼 가볍게 날아가지도, 서연처럼 언제나 조용히 옆자리를 지키지도 않을 것이다. 나는 나의 방식으로, 나의 온도를 지키며, 나만의 끈끈함으로 관계를 맺고 나를 키워나갈 것이다. 나의 끈끈함은 투명하고 예민하지만, 그 속에는 진심과 이해, 그리고 꾸준한 성장의 힘이 담겨 있었다.

관계를 통해 나는 내가 생각했던 것보다 훨씬 더 복잡하고, 약하면서도 동시에 강하며, 고독하면서도 연결되기를 갈망하는 존재임을 알게 되었다. 내가 어떤 형태로 관계를 맺든, 그 모든 경험들이 '나'라는 에세이의 한 페이지를 채우고 있음을 깨달았다. 이 유리온실 안에서, 나는 비로소 '나를 키우는 끈끈함'의 진정한 의미를 이해하게 되었다. 관계의 모든 순간들이 나를 만들고 있었다.

9부

25. 관계의 복잡성을 받아들이며

　아픔을 소화하는 과정을 거치고, 내면의 뿌리가 깊어지면서, 나는 관계를 둘러싼 많은 질문에 대한 답을 조금씩 찾아갔다. '나'라는 존재를 이해하는 만큼, 타인의 '덫' 뒤에 숨겨진 의미도 보이기 시작했다. 그리고 그 과정에서 내가 비로소 마주하게 된 것은 관계의 본질적인 복잡성이었다. 관계는 달콤한 이슬처럼 언제나 아름답거나, 혹은 언제나 상처만 주는 끈끈한 덫이라는 이분법적인 생각에서 벗어나, 그 둘이 한데 얽혀 있다는 사실을 온전히 받아들이는 것이었다.

　예전에는 관계의 모든 불편함과 아픔이 나를 향한 공격이라고 생각했다. 민지의 직설은 나를 비난하는 것이고, 지훈의 논리는 나를 이해하지 못하는 것이며, 예은의 가벼움은 나를 외면하는 것이고, 서연의 침묵은 나의 외로움을 모른 척하는 것이라고 여겼다. 그들의 '끈끈함'은 나의 '상처'라는 이름으로 귀결되었다. 달콤한 순간은 짧고, 끈끈함은 길고 지겨운 것이었다. 나는 관계의 순수성과 완전함을 꿈꿨지만, 현실은 늘 그 꿈을 배신하는 것 같았다.

하지만 이제는 달랐다. 친구들의 숨겨진 상처와 그들만의 필사적인 생존 전략을 이해하게 되면서, 나는 그들의 '덫'이 그들 자신을 지키기 위한 필연적인 결과라는 것을 알았다. 그들의 행동은 나를 겨냥한 것이 아니라, 그들 자신의 불안과 두려움에서 비롯된 것이었다. 민지의 뜨거운 끈끈함은 그녀의 연약함을 가리기 위한 불꽃이었고, 지훈의 차가운 끈끈함은 혼란 속에서 자신을 보호하기 위한 견고한 방패였다. 예은의 가벼운 끈끈함은 그녀의 복잡한 내면을 외면하기 위한 회피였고, 서연의 조용한 끈끈함은 상처받기 쉬운 마음을 감싸는 부드러운 막이었다. 그들의 끈끈함은 때로 나에게 아픔을 주었지만, 이제 나는 그 아픔 뒤에 숨겨진 그들의 이야기를 읽을 수 있게 되었다.

관계의 복잡성을 받아들인다는 것은, 그 안에 기쁨과 슬픔, 편안함과 불편함, 이해와 오해, 달콤함과 끈끈함이 공존함을 인정하는 것이었다. 마치 끈끈이주걱 잎에 맺힌 이슬방울이 아름답고 달콤해 보이지만 동시에 치명적인 덫이듯, 관계의 본질은 처음부터 이중적이었다. 벌레는 이슬의 달콤함에 이끌려 다가왔고, 그 달콤함이야말로 끈끈함의 다른 얼굴이었던 것이다. 관계의 기쁨은 그 불편함과 어려움의 대가가 아니라, 그 불편함과 어려움 속에 내재된 또 다른 면이라는 것을 알게 되었다.

이제 나는 친구들의 무심한 말이나 행동에 이전처럼 쉽게 상처받지 않았다. '아, 지금 민지는 자기 방식대로 나를 생각하고 있구나', '지훈은 효율성이라는 잣대로 모든 것을 재고 있구나', '예은은 지금 이 상황이 불편해서 도피하려 하는구나', '서연은 조용히 공감하며 지켜보고 있구나'. 그들의 행동을 나의 문제로 받아들이는 대신, 그들 각자의 '온도'와 '끈끈함'에서 비롯된 현상으로 이해하게 되었다. 나의 내면이 단단해지고 뿌리가 깊어진 만큼, 관계 속에서 휘몰아치는 바람에도 덜 흔들리게 되었다.

이해한다는 것은 모든 것을 용서하거나 눈감는 것을 의미하지 않았다. 여전히 불편한 감정, 서운한 마음이 들 때도 있었다. 하지만 이전처럼 그 감정에 잠식되지 않았다. 그것을

'관계의 불가피한 부분'으로 받아들였다. 관계의 복잡성 속에서 아픔은 제거될 수 있는 것이 아니라, 관계를 이루는 한 요소임을 인정하게 된 것이다. 끈끈이주걱이 벌레를 소화하듯, 나는 관계 속에서 발생하는 아픔들을 소화하여 더 이상 나를 해치지 않도록 만들었다.

교실이라는 유리온실은 더 이상 나를 옭아매는 갇힌 공간이 아니었다. 그곳은 우리가 서로의 다름을 마주하고, 각자의 방식으로 끈끈함을 내뿜으며, 끊임없이 성장하는 공간이었다. 나는 관계의 모든 측면을 받아들이기로 했다. 달콤한 순간에는 감사하고, 끈끈한 순간에는 그 속에서 배움을 찾고, 아픔이 찾아오면 그것을 소화하여 더 단단해지는 기회로 삼기로 했다. 관계는 더 이상 나를 위협하는 덫이 아니라, 나의 성장이라는 대의를 위한 복잡한 여정임을 깨달았다. 관계의 복잡성을 온전히 받아들였을 때, 비로소 나의 끈끈함도 더 넓고 유연해질 수 있음을 느꼈다.

26. 서로에게 자양분이 되는 법

관계의 복잡성을 받아들인다는 것은, 단순히 아픔을 견디는 것을 넘어 그 모든 끈끈함 속에서 서로가 서로에게 '자양분'이 될 수 있음을 깨닫는 과정이었다. 끈끈이주걱이 벌레를 잡아 소화하여 영양분을 얻고 스스로를 키우듯, 우리도 관계 속에서 발생하는 모든 경험들을 통해 서로에게 자양분이 되어주고 있었다. 그것은 단순히 '도움'을 주고받는 것을 넘어선, 더욱 근원적인 성장의 과정이었다.

민지의 뜨거운 솔직함은 나에게 불편함과 때로 상처를 주었다. 하지만 그 솔직함은 동시에 나에게 '자신을 드러낼 용기'라는 자양분을 주었다. 내가 서툴게 내는 목소리를 때로 강하게 채찍질했지만, 그 덕분에 나는 나의 침묵 속에서 벗어나 세상에 발을 내딛을 작은 용기를 얻었다. 그녀의 끈끈함은 나의 '자신감'이라는 이름의 이슬이 더 선명하게 맺히도록 자극했다. 그녀는 나의 뿌리를 뒤흔들었지만, 그 흔들림이 더 깊이 뿌리내리도록 하는 자극이 되기도 했다.

지훈의 차가운 논리와 합리성은 나의 감수성을 위축시켰다. 하지만 그의 분석적인 시선은 나에게 '객관적인 사고'라는 자양분을 주었다. 감정에만 매몰되지 않고 상황을 좀 더 이성적으로 바라볼 수 있는 힘. 나의 감정적인 반응에 지훈의 차가운 논리가 부딪히며, 나는 나의 감정을 소화하고 균형을 잡는 법을 배웠다. 그의 끈끈함은 나의 '사고력'이라는 이슬을 더 투명하게 만들었다. 그는 나의 내면을 냉정하게 비추는 거울이었고, 그 거울을 통해 나는 내가 놓치던 것들을 보게 되었다.

예은의 변덕스러운 가벼움은 나를 혼란스럽게 했지만, 동시에 '삶의 유연함'이라는 자양분을 주었다. 모든 것을 진지하고 무겁게 받아들이려 했던 나에게, 그녀는 때로는 문제를 잠시 내려놓고 즐거움 속에서 쉬어가는 법을 가르쳐주었다.

그녀의 끈끈함은 나의 '스트레스'라는 벌레를 일시적으로 떼어내 주었고, 나는 그 틈새로 숨을 고를 수 있었다. 그녀의 방식은 나에게 '관점을 전환하는 힘'이라는 이름의 이슬을 선사했다. 그녀는 나에게 관계 속에서 가끔은 힘을 빼고 편안하게 흐를 수 있는 방법을 보여주었다.

서연의 조용한 공감은 나에게 가장 큰 위로이자 '자기 수용'이라는 자양분이었다. 그녀는 나의 불안과 외로움을 있는 그대로 받아들여 주었다. 그녀의 침묵은 나의 이야기를 끊는 것이 아니라, 나의 모든 것을 담아내는 넓은 그릇 같았다. 그녀는 내가 나 자신을 있는 그대로 사랑할 수 있도록 지지해주었고, 나의 가장 연약한 부분이 약점이 아니라 나의 섬세함과 깊이가 될 수 있음을 확인시켜주었다. 그녀의 끈끈함은 나의 '자존감'이라는 이슬이 더 영롱하게 빛나도록 도와주었다. 그녀는 내가 가진 본연의 끈끈함이 어떤 의미를 지니는지 나에게 일깨워주었다.

나의 약하고 불분명한 끈끈함은 친구들의 강하고 선명한 끈끈함에 부딪히며 끊임없이 변화했다. 그 과정에서 때로는 상처를 받았지만, 그 상처들은 아픔으로 끝나지 않고 나를 더 깊이 이해하고 성장하는 자양분이 되었다. 끈끈이주걱이 벌레를 잡아 소화하는 것처럼, 나는 관계 속에서 얻은 모든 경험, 기쁨과 슬픔, 이해와 오해, 그리고 상처들마저도 나만의 방식으로 소화하여 나의 내면을 단단하게 키워냈다.

이러한 성장은 비단 나만의 이야기가 아니었다. 우리 모두는 서로에게 자양분이 되어주고 있었다. 나의 조용함이 민지의 뜨거움을 잠시 식혀주는 역할을 했고, 나의 관찰은 지훈에게 새로운 시각을 제공하기도 했다. 서연의 섬세함은 예은의 가벼움에 깊이를 더했고, 지훈의 논리는 민지의 직관에 방향을 제시하기도 했다. 우리는 각자의 다름을 통해 서로를 자극하고, 보완하며, 함께 성장했다. 교실이라는 유리온실 안에서, 우리는 각자의 끈끈함을 내뿜으며 부딪히고 얽히고설켰지만, 결국 그 모든 끈끈함이 서로에게 필요한 자양분이 되어주고 있었던 것이다.

나는 이제 관계의 끈끈함을 더 이상 두려워하지 않는다. 그것은 달콤한 이슬만큼이나 본질적이고, 상처를 주기도 하지만, 궁극적으로 우리를 키워내는 힘이다. 끈끈이주걱이 끈끈함으로 자신을 키워내듯, 우리도 관계의 끈끈함 속에서 서로에게 자양분이 되어주며 '나'를 키워나가고 있었다. 이 유리온실 안에서, 우리는 그렇게 서로에게 물을 주고, 빛을 주고, 때로는 흙이 되어주며 함께 자라고 있었다.

에필로그 다음 잎을 틔우며

 교실이라는 유리온실에서의 시간은 빠르게 흘러갔다. 달콤함과 끈끈함, 상처와 위로, 충돌과 이해가 뒤섞인 수많은 순간들이 켜켜이 쌓여 하나의 두께를 만들었다. 나는 더 이상 아무에게도 닿지 않는 외로운 끈끈함을 가진 채 나의 섬에 고립되어 있지 않았다. 관계의 복잡성과 이중성을 온전히 받아들이고, 그 속에서 서로가 서로에게 자양분이 되어줄 수 있음을 깨달은 후, 나의 내면은 이전보다 훨씬 단단하고 평온해졌다.

 손안의 끈끈이주걱은 여전히 나의 책상 위에 놓여 있었다.

계절이 바뀌고 날씨가 변해도, 그 작은 식물은 묵묵히 자신의 자리에서 자신만의 방식으로 존재했다. 때로는 힘든 시기를 겪고 잎이 시들기도 했지만, 어느새 새로운 잎을 틔우며 자신을 갱신했다. 새롭게 돋아난 잎은 이전보다 더 선명한 붉은색을 띠었고, 그 가장자리에 맺힌 이슬 방울은 햇빛을 받아 영롱하게 빛났다. 그것은 나에게 다음 잎을 틔울 용기와 희망을 말해주는 듯했다.

우리 다섯 명의 관계 또한 새로운 잎을 틔웠다. 민지는 여전히 뜨겁고 직설적이었고, 지훈은 변함없이 논리적이었다. 예은은 가벼움 속에서 즐거움을 찾았고, 서연은 조용히 모두를 감싸 안았다. 그들의 본질적인 온도는 변하지 않았지만, 우리는 서로의 다름을 이제는 이해하려 애쓰는 단계에서 더 나아가, 존중하고 받아들이는 법을 배웠다. 서로의 끈끈함이 때로 덫이 될 수 있음을 알기에 더욱 조심스러워졌고, 서로의 숨겨진 상처를 어렴풋이 알기에 더욱 서로를 배려하게 되었다. 우리의 관계는 이제 얽히고설킨 실타래가 아니라, 각자의 고유한 끈으로 연결된 견고한 그물망 같았다. 바람이 불어도 쉽게 끊어지지 않고, 서로를 지탱하며 함께 나아가는.

나는 더 이상 관계의 끈끈함을 두려워하지 않는다. 그것은 단순히 나를 옭아매는 덫이나 벗어나고 싶은 실타래가 아니었다. 끈끈이주걱이 벌레를 잡아 스스로를 키워내듯, 관계의 끈끈함 또한 우리를 키워내는 자양분이 될 수 있음을 이제는 안다. 상처는 더 이상 아픔으로만 남지 않고, 나를 이해하고 타인을 포용하는 지혜로 바뀌었다. 외로움은 고독한 섬이 아니라, 나를 더 깊이 들여다보고 충전할 수 있는 성스러운 공간이 되었다.

 이제 교실이라는 유리온실 밖으로 나아갈 때가 왔다. 졸업을 앞두고 우리는 각자의 새로운 길을 선택할 것이다. 다른 도시로 떠나는 친구도 있을 것이고, 같은 도시의 다른 교실에서 또 다른 시작을 준비하는 친구도 있을 것이다. 넓은 세상에는 또 다른 종류의 끈끈함과 덫, 그리고 예상치 못한 상처들이 우리를 기다리고 있을 것이다. 새로운 관계 속에서 우리는 또 다른 방식의 충돌과 혼란을 겪을 수도 있다.

 하지만 나는 이제 두렵지 않다. 왜냐하면 나는 교실이라는 유리온실에서 아픔을 소화하고 내면의 뿌리를 깊이 내리는 법을 배웠기 때문이다. 그리고 함께 다음 잎을 틔울 소중한 친구들이 있기 때문이다. 우리는 각자의 끈끈함을 가지고 서로에게 자양분이 되어주며, 앞으로도 계속해서 성장해 나갈 것이다. 어쩌면 새로운 잎이 돋아나듯, 우리의 관계도 또 다른 모습으로 진화하며 더 깊고 넓은 유대를 형성할지도 모른다.

끈끈이주걱은 겨울을 이겨내고 봄이 오면 다시 새로운 잎을 틔운다. 그 과정은 쉬워 보이지만, 모든 역경을 견뎌낸 끈질긴 생명력의 결과이다. 우리 또한 다르지 않다. 관계 속에서 겪었던 모든 어려움과 성장통은 다음 잎을 틔우기 위한 준비 과정이었다. 나의 이야기는 여기서 끝나는 것이 아니다. 이 에세이는 나의 '끈끈함'에 대한 탐구의 시작점일 뿐이다. 앞으로 펼쳐질 삶의 여정 속에서 나는 계속해서 새로운 관계를 맺고, 새로운 경험들을 소화하며, 끊임없이 '나'를 키워나갈 것이다.

이 유리온실 안에서, 우리는 각자의 끈끈함을 맺고, 서로에게 영향을 주고받으며, 함께 다음 잎을 틔우고 있었다. 그리고 그 잎들이 언젠가 무성한 숲을 이룰 것을 희망하며, 우리는 그렇게, 다음 페이지를 열 준비를 하고 있다.